məktəb - shule — 2
səyahət - usafiri — 5
nəqliyyat - usafiri — 8
şəhər - jiji — 10
mənzərə - mazingira — 14
restoran - mgahawa — 17
supermarket - dukakuu — 20
içkilər - vinywaji — 22
yemək - chakula — 23
ferma - shamba — 27
ev - nyumba — 31
qonaq otağı - sebuleni — 33
mətbəx - jikoni — 35
hamam otağı - bafu — 38
uşaq otaqı - chumba ya mtoto — 42
geyim - nguo — 44
ofis - ofisi — 49
iqtisadiyyat - uchumi — 51
peşə - kazi — 53
alətlər - zana — 56
musiqi alətləri - ala za muziki — 57
zoopark - bustani ya wanyama — 59
idman - michezo — 62
fəaliyyət - shughuli — 63
ailə - familia — 67
bədən - mwili — 68
xəstəxana - hospitali — 72
fövqəladə hallar - dharura — 76
Yer kürəsi - dunia — 77
saat - saa — 79
həftə - wiki — 80
il - mwaka — 81
formalar - maumbo — 83
rənglər - rangi — 84
əksinə - kinyume — 85
ədədlər - nambari — 88
dillər - lugha — 90
kim / nə / necə - ambao / nini / jinsi — 91
harada - wapi — 92

Impressum
Verlag: BABADADA GmbH, Nedderfeld 112 , 22529 Hamburg
Geschäftsführer / Verlagsleitung: Harald Hof
Druck: Books on Demand GmbH, In de Tarpen 42, 22848 Norderstedt

Imprint
Publisher: BABADADA GmbH, Nedderfeld 112 , 22529 Hamburg, Germany
Managing Director / Publishing direction: Harald Hof
Print: Books on Demand GmbH, In de Tarpen 42, 22848 Norderstedt

məktəb

shule

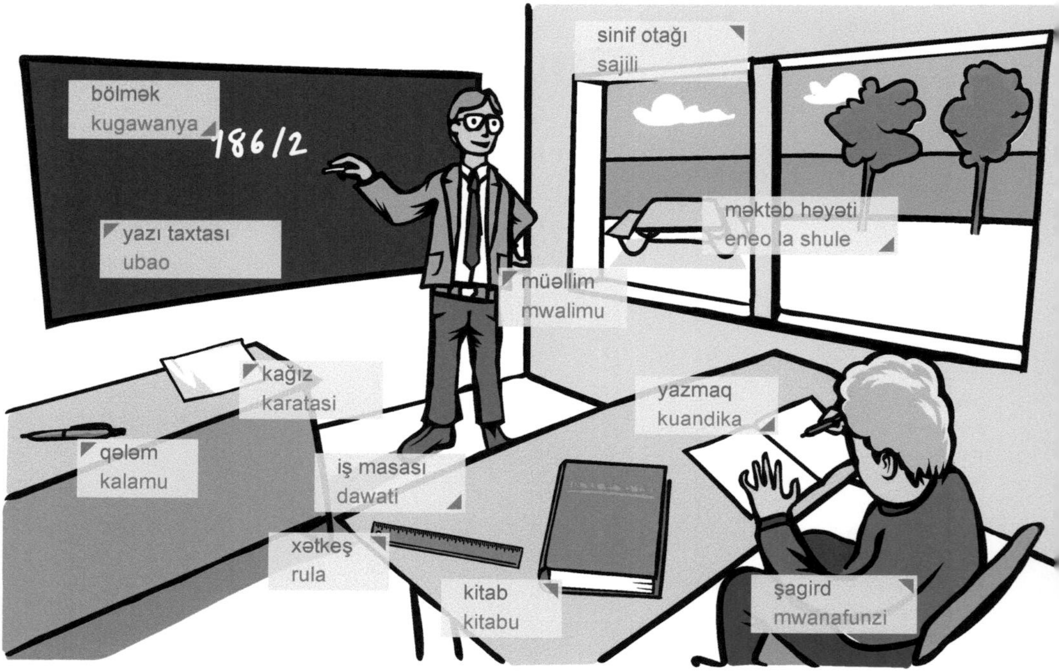

sinif otağı
sajili
bölmək
kugawanya
186/2
yazı taxtası
ubao
məktəb həyəti
eneo la shule
müəllim
mwalimu
kağız
karatasi
yazmaq
kuandika
qələm
kalamu
iş masası
dawati
xətkeş
rula
kitab
kitabu
şagird
mwanafunzi

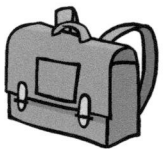

məktəbli çantası

mkoba

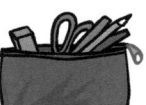

karandaş qabı

kikasha cha penseli

karandaş

penseli

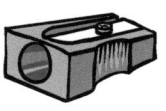

karandaş yonan

kichonga penseli

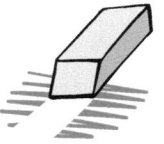

pozan

mpira

rəsm albomu

pedi ya kuchora

rəsm

uchoraji

boya fırçası

brashi ya rangi

boya qutusu

sanduku la rangi

qayçı

mkasi

yapışdırıcı

gundi

dəftər

daftari

ev tapşırığı

kazi ya nyumbani

say

nambari

əlavə etmək

jumlisha

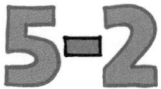

çıxmaq

ondoa

vurmaq

zidisha

hesablamaq

kokotoa

hərf

barua

əlifba

alfabeti

söz

neno

mətn

maandishi

oxumaq

kusoma

tabaşir

chaki

dərs

somo

sinif jurnalı

sajili

imtahan

uchunguzi

təhsil haqqında sənəd

cheti

məktəb uniforması

sare za shule

təhsil

elimu

ensiklopediya

elezo

universitet

chuo kikuu

mikroskop

darubini

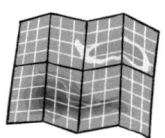

xəritə

ramani

zibil qutusu

kikapu cha kuweka karatasi chafu

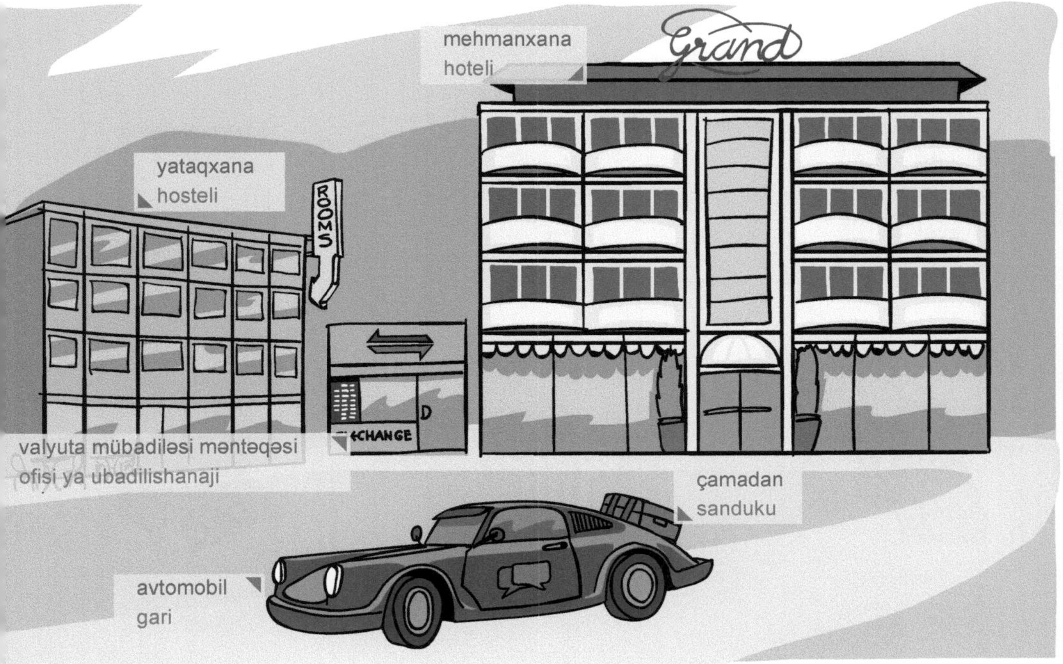
mehmanxana
hoteli
Grand
yataqxana
hosteli
ROOMS
valyuta mübadiləsi məntəqəsi
ofisi ya ubadilishanaji
EXCHANGE
çamadan
sanduku
avtomobil
gari

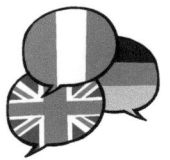

dil
lugha

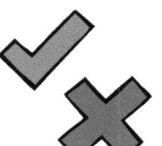

bəli/xeyr
ndiyo / la

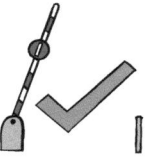

oldu
sawa

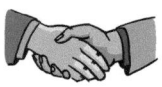

salam
hujambo

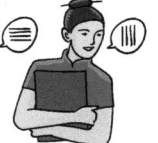

tərcüməçi
mtafsiri

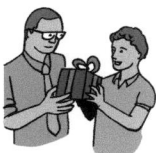

Təşəkkür edirəm
Asante

giyməti nə qədərdir ...?

kiasi gani ni ...?

mən başa düşmürəm

Sielewi

problem

tatizo

Axşamınız xeyir!

Jioni njema!

Sabahınız xeyir!

Habari za asubuhi!

Gecəniz xeyrə galsin!

Usiku mwema!

hələlik

kwa heri

istiqamət

mwelekeo

baqaj

mizigo

torba

mfuko

kürək çantası

shanta

qonaq

mgeni

otaq

chumba

yataq-çuval

begi la kulalia

çadır

hema

turistlər üçün məlumat

taarifa ya utalii

çimərlik

ufuo

kredit kartı

kadi

səhər yeməyi

kifunguakinywa

günorta yeməyi

chakula cha mchana

nahar yeməyi

chakula cha jioni

bilet

tiketi

lift

kuinua

poçt markası

muhuri

sərhəd

mpaka

gömrük

mila

səfirlik

ubalozi

viza

visa

pasport

pasipoti

nəqliyyat
usafiri

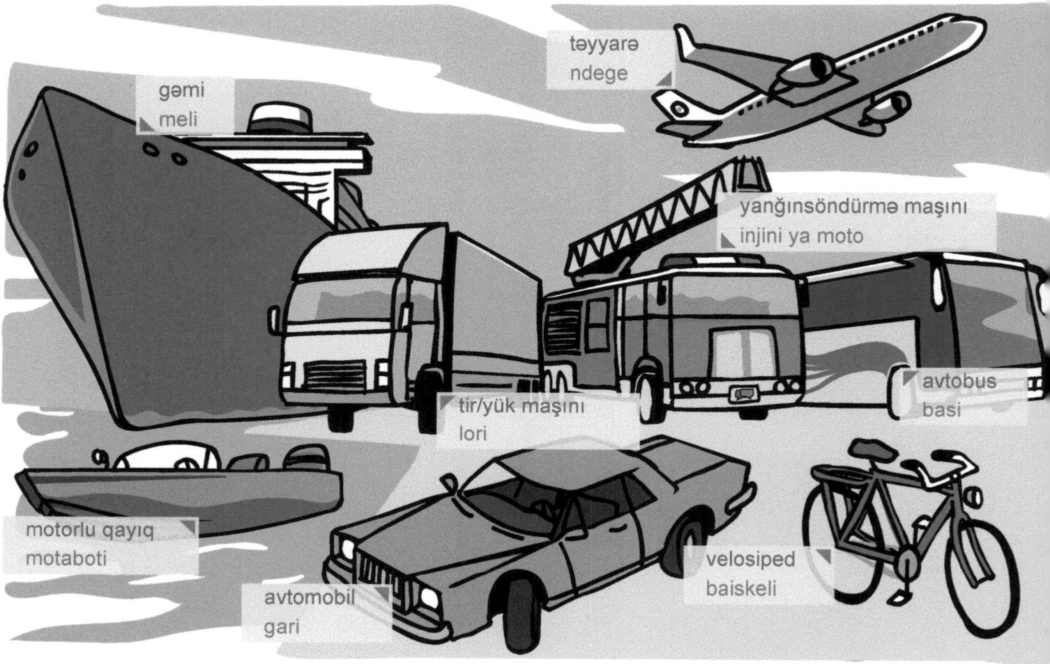

təyyarə
ndege
gəmi
meli
yanğınsöndürmə maşını
injini ya moto
avtobus
basi
tir/yük maşını
lori
motorlu qayıq
motaboti
velosiped
baiskeli
avtomobil
gari

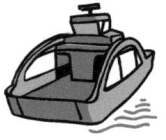

bərə
feri

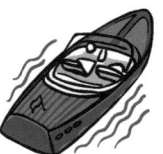

qayıq
mashua

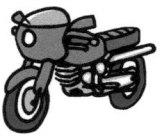

motosiklet
pikipiki

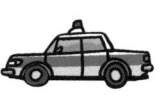

polis avtomobili
gari la polisi

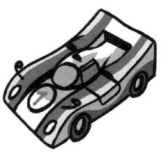

yarış avtomobili
gari la mashindano

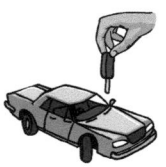

icarə avtomobili
gari la kukodisha

avtomobil icarəsi

kushiriki gari

texniki yardım maşını

lori la kuvuta

zibil maşını

ukusanyaji taka

mühərrik

motor

yanacaq

mafuta

benzin doldurma mentəqəsi

kituo cha mafuta

yol nişanı

ishara trafiki

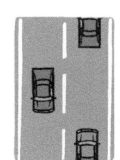

yol hərəkəti

trafiki

tıxac

msongamano

avtomobil dayanacağı

maegesho

dəmir yolu stansiyası

kituo cha treni

dəmiryol

reli

qatar

garimoshi

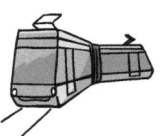

tramvay

tremu

vaqon

gari la mizigo

helikopter

helikopta

hava limanı

uwanja wa ndege

qüllə

mnara

sərnişin

abiria

konteyner

chombo

karton qutu

katoni

əl arabası

mkokoteni

səbət

kikapu

qalxmaq / enmək

ondoka

şəhər
jiji

kənd

kijiji

şəhər mərkəzi

katikati ya jiji

ev

nyumba

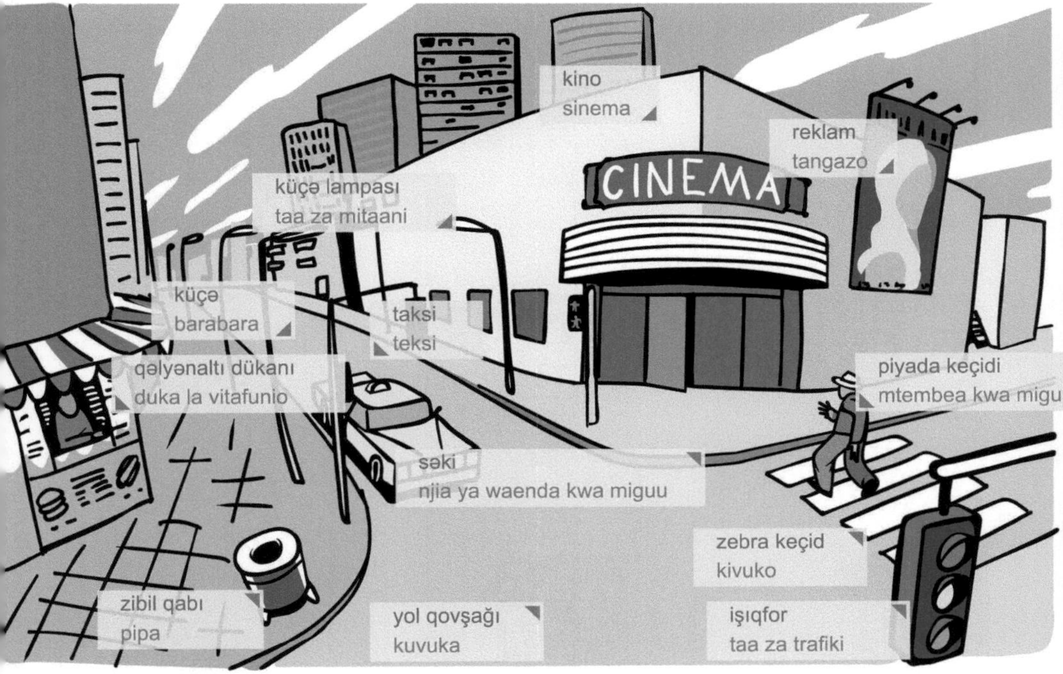

kino
sinema
reklam
tangazo
CINEMA
küçə lampası
taa za mitaani
küçə
barabara
taksi
teksi
qəlyənaltı dükanı
duka la vitafunio
piyada keçidi
mtembea kwa migu
səki
njia ya waenda kwa miguu
zebra keçid
kivuko
zibil qabı
pipa
yol qovşağı
kuvuka
işıqfor
taa za trafiki

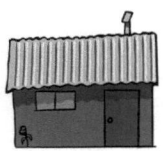

daxma

kibanda

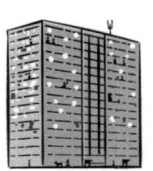

mənzil

gorofa

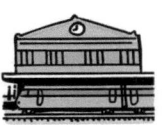

dəmir yolu stansiyası

kituo cha treni

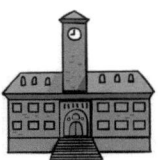

bələdiyyə binası

ukumbi wa mji

MUSEUM

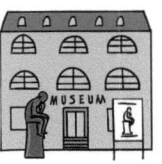

muzey

Makavazi

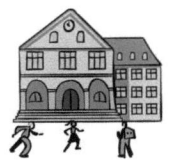

məktəb

shule

universitet
chuo kikuu

bank
benki

xəstəxana
hospitali

mehmanxana
hoteli

aptek
duka la dawa

ofis
ofisi

kitab dükkanı
duka la kitabu

dükan
duka

çiçək dükanı
duka la maua

supermarket
dukakuu

bazar
soko

univermaq
idara ya kuhifadhi

balıq satıcısı
mwuza samaki

ticarət mərkəzi
kituo cha ununuzi

liman
bandari

park

Hifadhi

oturacaq

benki

körpü

daraja

pilləkən

vidato

metro

chini ya ardhi

tunel

handaki

avtobus dayanacağı

kituo cha mabasi

bar

bar

restoran

mgahawa

poçt qutusu

sanduku la posta

küçə nişanı

ishara ya barabara

parkinq sayğacı

mita ya maegesho

zoopark

bustani ya wanyama

üzgüçülük hovuzu

kidimbwi cha kuogelea

məscid

msikiti

ferma	ətraf mühitin çirklənməsi	məzarlıq
shamba	uchafuzi	makaburini

kilsə	oyun meydançası	məbəd
kanisa	uwanja wa michezo	hekalu

mənzərə
mazingira

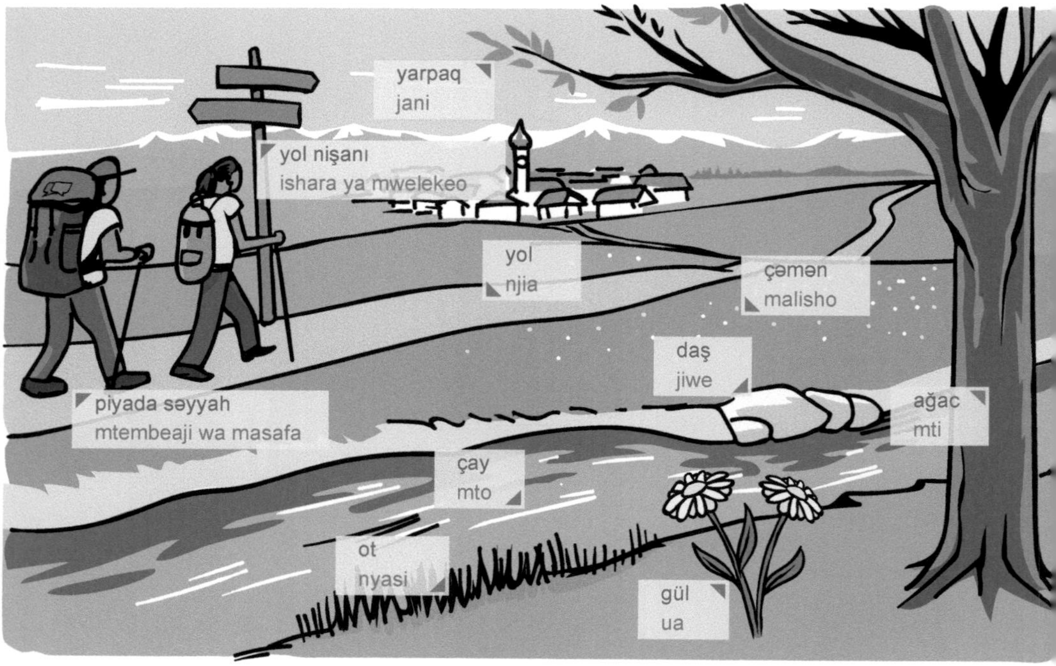

yarpaq
jani

yol nişanı
ishara ya mwelekeo

yol
njia

çəmən
malisho

daş
jiwe

piyada səyyah
mtembeaji wa masafa

ağac
mti

çay
mto

ot
nyasi

gül
ua

vadi

bonde

təpə

kilima

göl

ziwa

meşə

msitu

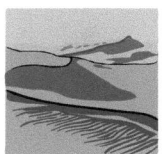

səhra

jangwa

vulkan

volkano

qəsr

ngome

göy qurşağı

upinde wa mvua

göbələk

uyoga

palma

mtende

ağcaqanad

mbu

milçək

kuruka

qarışqa

chungu

arı

nyuki

hörümçək

buibui

mənzərə - mazingira

15

böcək

mende

qurbağa

chura

dələ

kuchakuro

kirpi

nungunungu

dovşan

sungura

bayquş

bundi

quş

ndege

qu quşu

swan

qaban

nguruwe mwitu

maral

kulungu

sığın

aina ya kongoni

su bəndi

bwawa

külək turbini

tabo ya upepo

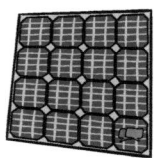

günəş batareyası

nishaji ya jua

iqlim

hali ya hewa

mənzərə - mazingira

restoran
mgahawa

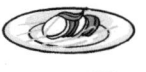

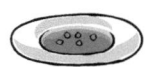

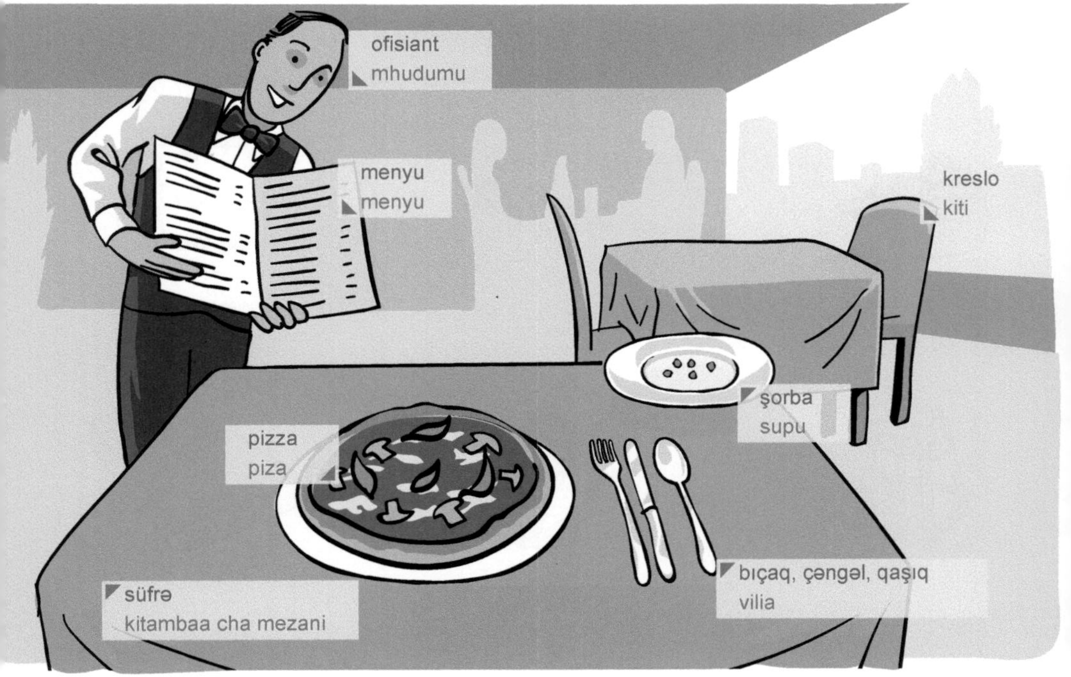

ofisiant
mhudumu
menyu
menyu
kreslo
kiti
şorba
supu
pizza
piza
bıçaq, çəngəl, qaşıq
vilia
süfrə
kitambaa cha mezani

məzə

kiamsha hamu

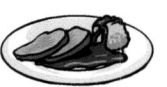

əsas yemək

kozi kuu

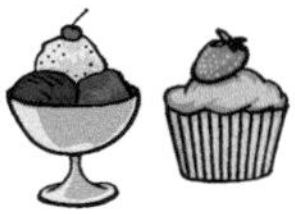

desert

kitindamlo

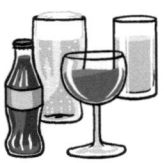

içkilər

vinywaji

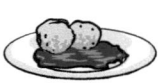

yemək

chakula

şüşə

chupa

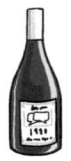

fast food

chakula cha haraka

küçə yeməkləri

Streetfood

çaynik

buli

qəndqabı

kisanduku cha sukari

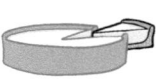

pay

sehemu

espresso maşını

mashine ya espresso

hündür uşaq kreslosu

kiti kirefu

faktura

muswada

nimçə

trei

bıçaq

kisu

çəngəl

uma

qaşıq

kijiko

çay qaşığı

kijiko cha chai

salfet

nepi

şüşə

glasi

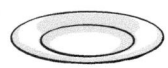

boşqab

sahani

şorba boşqabı

sahani ya supu

nəlbəki

sufuria

sous

mchuzi

duz qabı

kichanyaji chumvi

bibərüyüdən

kinu cha pilipili

sirkə

siki

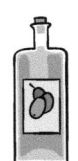

duru yağ

mafuta

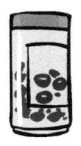

ədviyyat

viungo

ketçup

kechapu

xardal

haradali

mayonez

kachumbari nzito

supermarket

dukakuu

xüsusi təklif
ofa maalum
FOR
müştəri
mteja
süd məhsulları
maziwa
meyvə
matunda
alış-veriş arabası
toroli

BUTCHERS

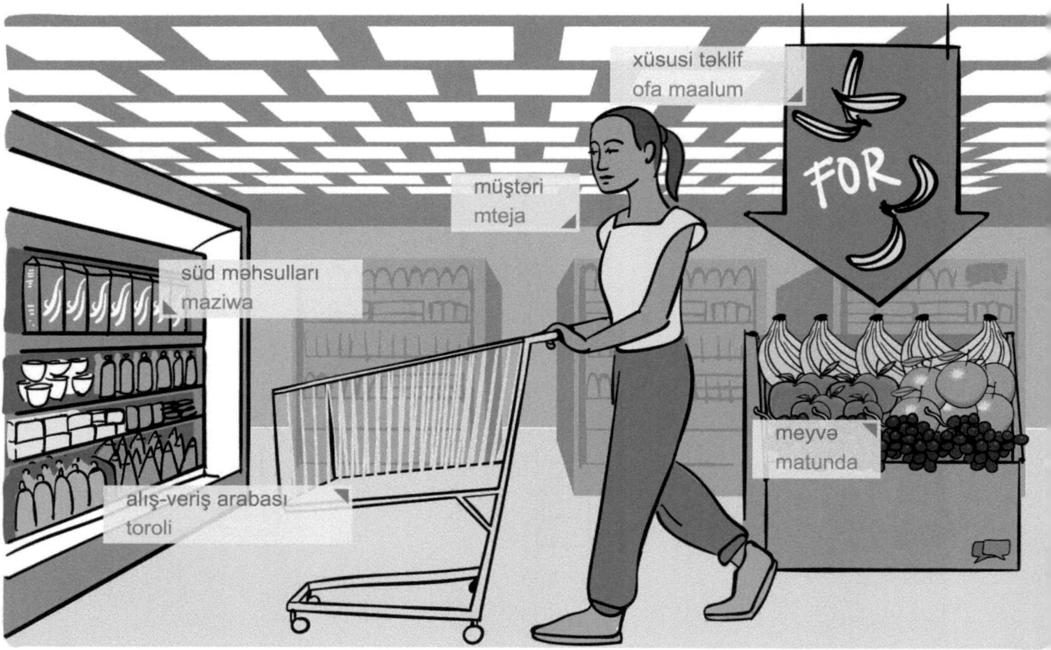

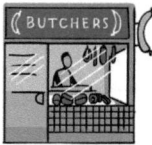

qəssab dükanı

mchinjaji

BAKERY

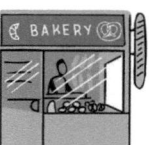

çörəkçi

mwokaji

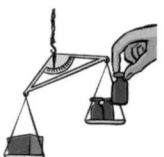

çəkmək

uzito

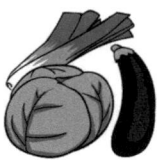

tərəvəz

mboga

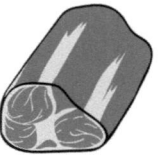

ət

nyama

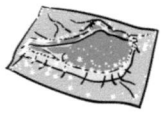

dondurulmuş qida

chakula waliohifadhiwa

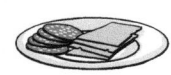

soyuq ət yeməyi

vipande vya nyama baridi

konservləşdirilmiş qida

chakula cha kopo

yuyucu toz

sabuni ya unga

şirniyyat

pipi

təsərrüfat malları

bidhaa za kaya

yuyucu vasitələr

bidhaa za kusafisha

satıcı

mtu mauzo

kassa

mpaka

kassir

keshia

alış-veriş siyahısı

orodha ya manunuzi

iş saatları

masaa ya ufunguzi

pul kisəsi

mkoba

kredit kartı

kadi

torba

mfuko

plastik torba

mfuko wa plastiki

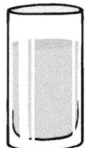

su
maji

şirə
sharubati

süd
maziwa

cola
coke

şərab
mvinyo

pivə
bia

alkoqollu içkilər
pombe

kakao
kakao

çay
chai

qəhvə
kahawa

espresso
spreso

kapuçino
kapuchino

banan

ndizi

alma

tufaha

portağal

machungwa

yemiş

tikiti

limon

lemon

yerkökü

karoti

sarımsaq

kitunguu saumu

bambuq

mianzi

soğan

kitunguu

göbələk

uyoga

qoz-fındıq

karanga

əriştə

nudo

spagetti

spageti

düyü

mpunga

salat

saladi

cips

vibanzi

qızardılmış kartof

viazi vya kukaanga

pizza

piza

hamburger

hambaga

sandviç

sandwichi

eskalop

kipande

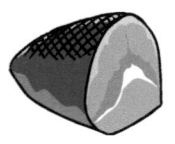

hisə verilmiş donuz əti

paja la mnyama

salyami

salami

kolbasa

soseji

toyuq

kuku

qızardılmış ət tikəsi

choma

balıq

samaki

yulaf yarması

oats ya uji

müsli

muesli

partlaq qarğıdalı

cornflakes

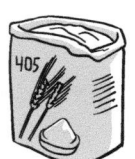

un

unga

kruassan

kroisanti

bulka

andazi

çörək

mkate

tost

mkate wa kubanika

peçenye

biskuti

kərə yağı

siagi

kəsmik

maziwa mgando

tort

keki

yumurta

yai

qayğanaq

yai kukaanga

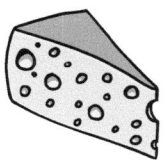

pendir

jibini

dondurma

aiskrimu

şəkər

sukari

bal

asali

mürəbbə

jemu

şokolad pastası

kuenea kwa chokoleti

köri

mchuzi wa viungo

ferma
shamba

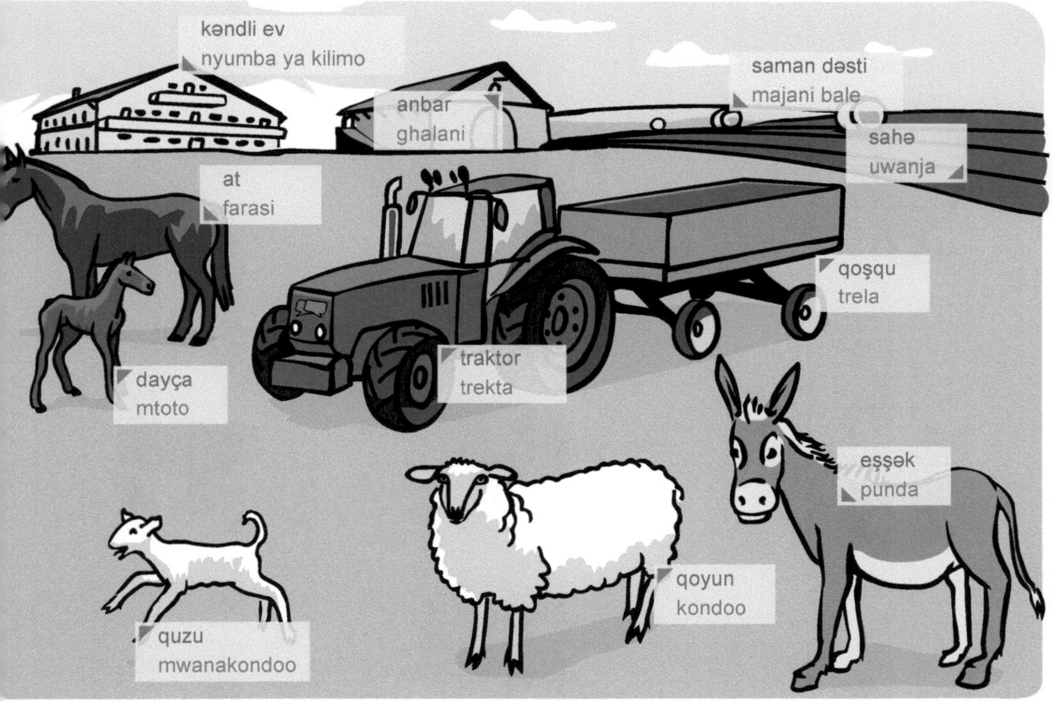
kəndli ev
nyumba ya kilimo
anbar
ghalani
saman dəsti
majani bale
sahə
uwanja
at
farasi
qoşqu
trela
traktor
trekta
dayça
mtoto
eşşək
punda
qoyun
kondoo
quzu
mwanakondoo

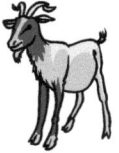

keçi

mbuzi

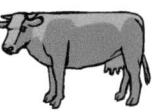

inək

ng'ombe

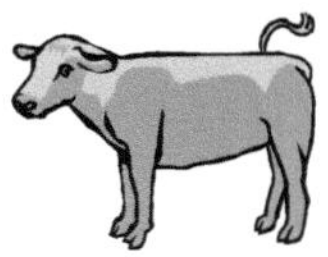

dana

ndama

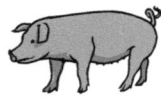

donuz

nguruwe

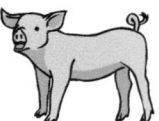

donuz balası

mwananguruwe

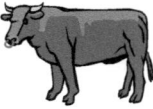

öküz

fahali

qaz

batabukini

ördək

bata

cücə

kifaranga

toyuq

kuku

xoruz

jogoo

siçovul

panya

pişik

paka

siçan

panya

öküz

ng'ombe

it

mbwa

itdamı

nyumba ya mbwa

bağ şlanqı

bomba la bustani

susəpən

debe la kumwagilia maji

dəryaz

fyekeo

kotan

kulima

oraq

mundu

kətman

jembe

yaba

uma wa nyasi

balta

shoka

əl arabası

toroli

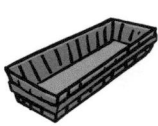

çalov

kupitia nyimbo

süd bidonu

chombo cha maziwa

çuval

gunia

çəpər

ua

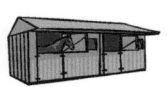

tövlə

imara

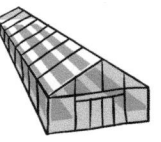

istixana

chafu

torpaq

udongo

toxum

mbegu

gübrə

mbolea

taxılbiçən kombayn

kivunaji

ferma - shamba

məhsul yığmaq

mavuno

məhsul yığımı

mavuno

yam

viazi vikuu

buğda

ngano

soya

soya

kartof

viazi

dən

mahindi

raps

rapa

meyvə ağacı

mti wa matunda

maniok

muhogo

yarma

nafaka

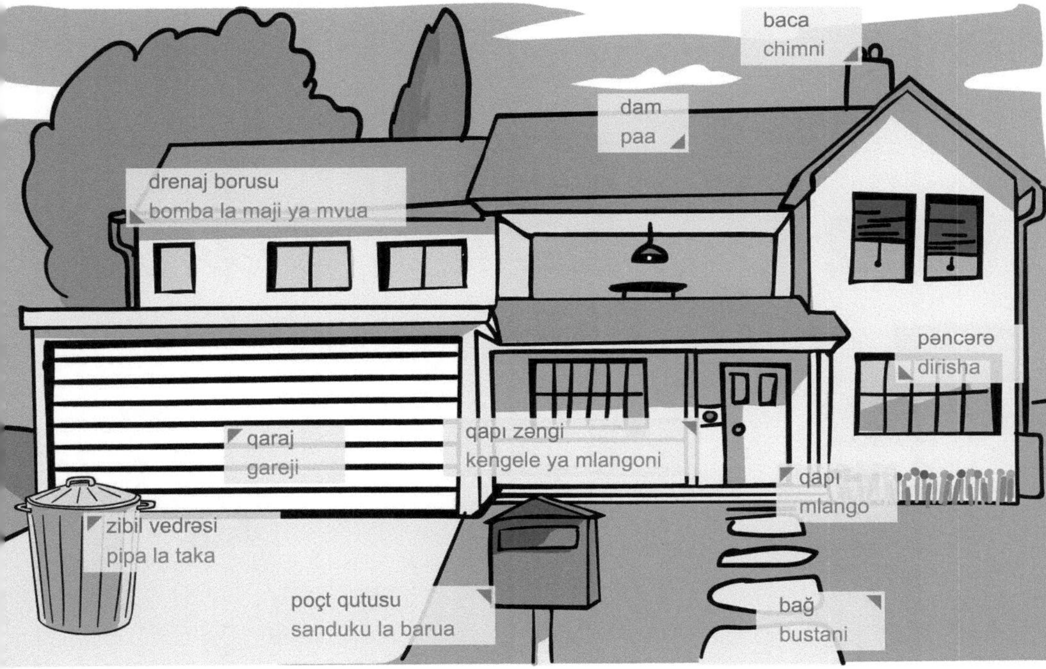

baca
chimni

dam
paa

drenaj borusu
bomba la maji ya mvua

pəncərə
dirisha

qaraj
gareji

qapı zəngi
kengele ya mlangoni

qapı
mlango

zibil vedrəsi
pipa la taka

poçt qutusu
sanduku la barua

bağ
bustani

qonaq otağı

sebuleni

hamam otağı

bafu

mətbəx

jikoni

yataq otağı

chumba cha kulala

uşaq otaqı

chumba ya mtoto

yemək otağı

chumba cha kulia

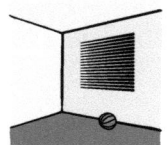

döşəmə
sakafu

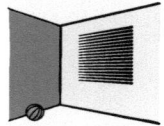

divar
ukuta

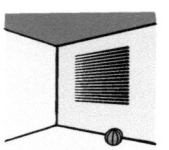

tavan
dari

zirzəmi
pishi

sauna
sauna

balkon
roshani

terras
mtaro

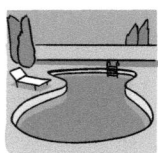

üzgüçülük hovuzu
kidimbwi

otbiçən maşın
mashine ya kukata nyasi

mələfə
karatasi

yataq örtüyü
kitambaa cha kupamba
kitanda

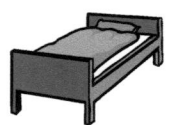

yataq
kitanda

süpürgə
ufagio

vedrə
ndoo

elektrik açarı
kubadili

qonaq otağı
sebuleni

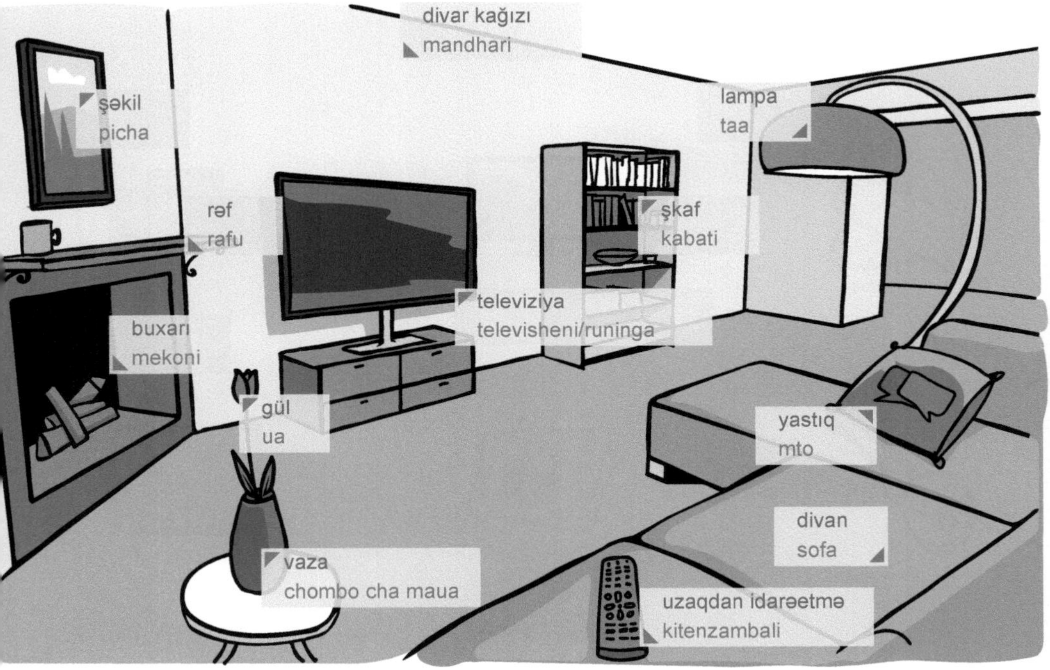
divar kağızı
mandhari
şəkil
picha
lampa
taa
rəf
rafu
şkaf
kabati
televiziya
televisheni/runinga
buxarı
mekoni
gül
ua
yastıq
mto
divan
sofa
vaza
chombo cha maua
uzaqdan idarəetmə
kitenzambali

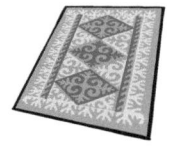

xalça

zulia

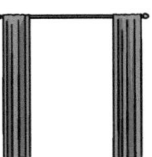

pərdə

pazia

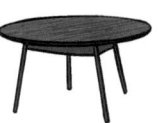

masa

meza

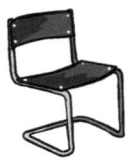

kreslo

kiti

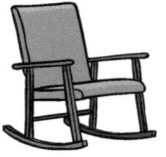

yırğalanan stul

kiti cha bembea

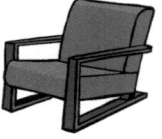

kreslo

armchair

kitab

kitabu

yorğan

blanketi

bəzək

mapambo

odun

kuni

film

filamu

stereo səs sistemi

kifaa cha hi-fi

açar

ufunguo

qəzet

gazeti

rəsm əsəri

uchoraji

plakat

bango

radio

redio

bloknot

daftari

tozsoran

kifyonza

kaktus

dungusi kakati

şam

mshumaa

mətbəx
jikoni

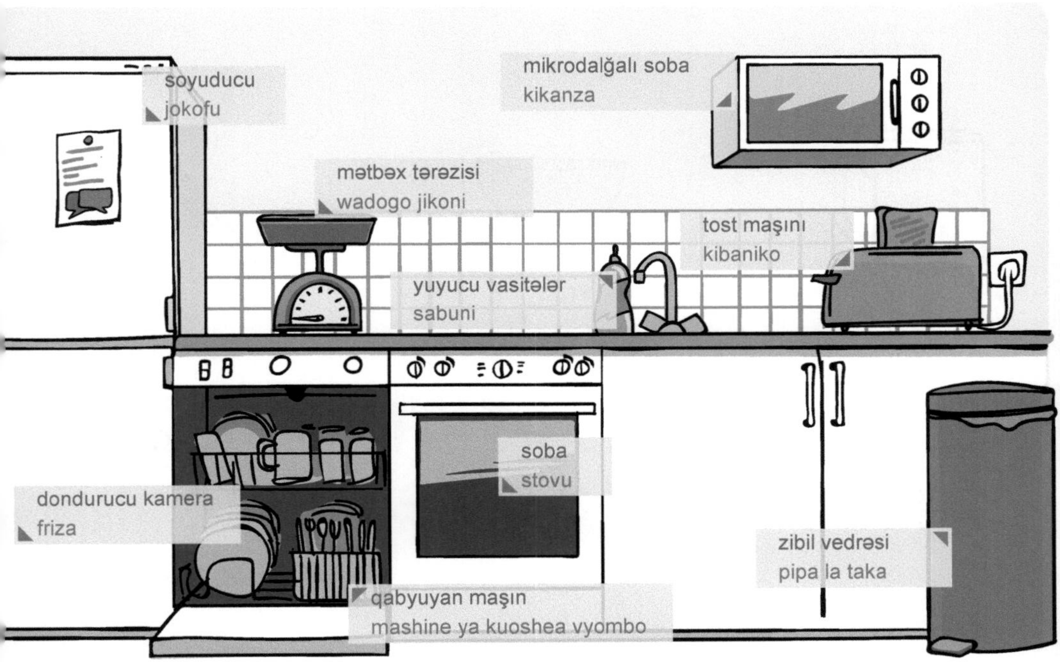

soyuducu
jokofu
mikrodalğalı soba
kikanza
mətbəx tərəzisi
wadogo jikoni
tost maşını
kibaniko
yuyucu vasitələr
sabuni
soba
stovu
dondurucu kamera
friza
zibil vedrəsi
pipa la taka
qabyuyan maşın
mashine ya kuoshea vyombo

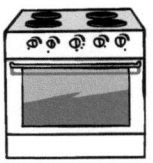

soba

jiko la kupika

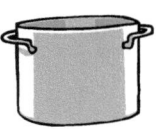

qazan

chungu

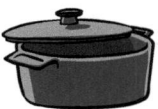

çuqun qazan

sufuria ya chuma

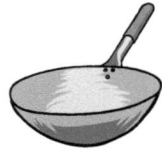

vok / kadai

wok / kadai

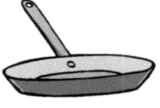

tava

kaango

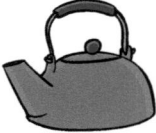

çaydan

birika

buxar qazanı
stima

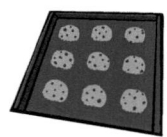

sac
sinia ya kuoka

qab
vyombo vya udongo

fincan
kombe

ləyən
bakuli

yemək üçün çubuqlar
vijiti vya kulia

çömçə
ukawa

spatula
mwiko mpana

çırpıcı
burashi

süzgəc
kichujio

ələk
chujio

sürtgəc
mbuzi

həvəngdəstə
chokaa

barbekyu
barbeque

ocaq
moto wazi

doğrama taxtası

ubao wa majaribio

oxlov

kijiti cha kusukuma unga

probkaçıxaran

kizibuo

banka

kopo

bankaağzıaçan

inaweza kopo

qabtutan

kishikio cha chungu

əl üz yuyan

karo

fırça

brashi

süngər

sifongo

blender

kisagaji matunda

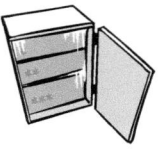

dondurucu

friji ya kina

körpə şüşəsi

chupa ya mtoto

kran

bomba

hamam otağı

bafu

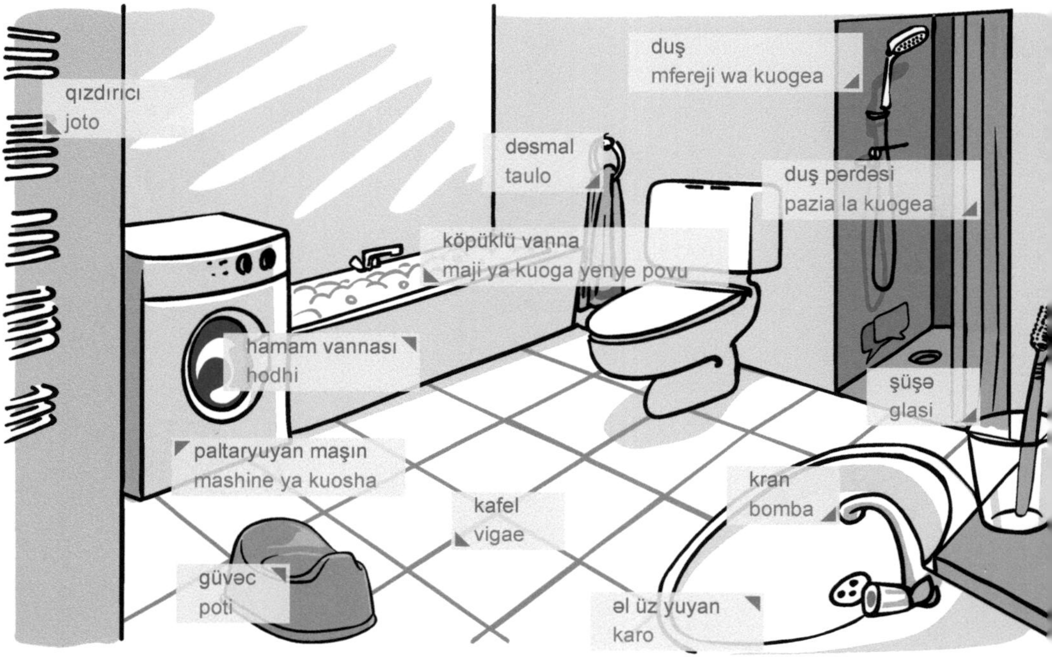

qızdırıcı
joto
duş
mfereji wa kuogea
dəsmal
taulo
duş pərdəsi
pazia la kuogea
köpüklü vanna
maji ya kuoga yenye povu
hamam vannası
hodhi
şüşə
glasi
paltaryuyan maşın
mashine ya kuosha
kran
bomba
kafel
vigae
güvəc
poti
əl üz yuyan
karo

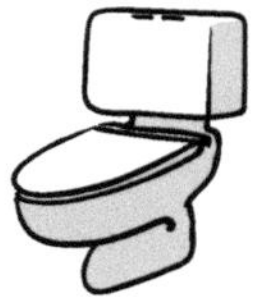

tualet

choo

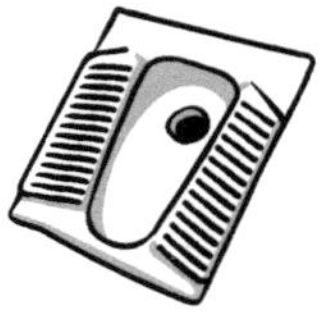

çömbəlmə tualet

choo cha squat

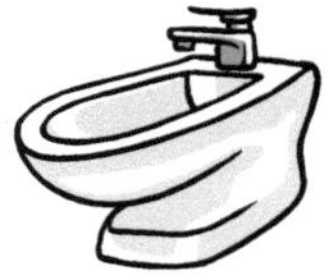

bide

beseni la mviringo

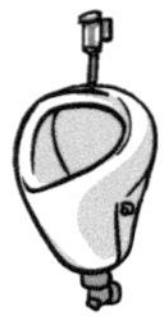

urinal

choo cha umma

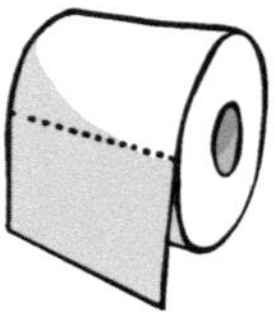

tualet kağızı

shashi

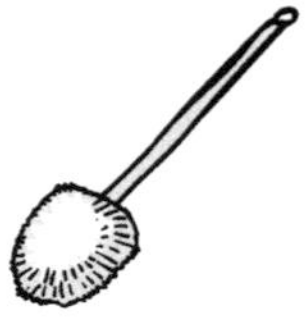

tualet fırçası

brashi ya choo

diş fırçası

mswaki

diş pastası

dawa ya meno

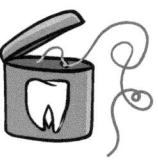

diş ipi

dawa ya meno

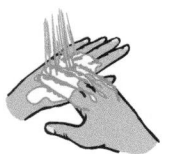

yumaq

safisha

əl duşu

kuoga mkono

intim duş

msukumo wa maji

taz

bonde

bel fırçası

mpako wa pili

sabun

sabuni

duş üçün gel

jeli ya kuogea

şampun

shampuu

əsgi

flana

drenaj

toa maji

krem

krimu

dezodorant

kiondoa harufu

güzgü

kioo

əl güzgüsü

kioo mkono

ülgüc

kinyozi

üz qırxmaq üçün köpük

povu la kunyoa

təraşdan sonra su

baada ya kunyoa

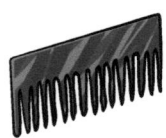

daraq

kichana

fırça

brashi

fen

kikausha nywele

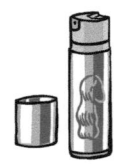

saç spreyi

marashi ya nyewele

makiyaj

vipodozi

dodaq boyası

kidomwa

dırnaq lakı

varnish ya msumari

pambıq

pamba

dırnaq qayçısı

mkasi wa kucha

ətir

manukato

gigiyenik torba

mkoba wa kuosha

kətil

kinyesi

tərəzi

mizani

hamam xalatı

nguo ya kuoga

rezin əlcək

glavu za mpira

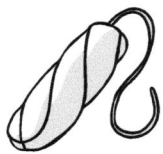

tampon

kisodo

gigiyenik salfet

sodo

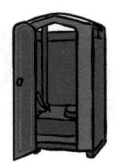

kimyəvi tualet

kemikali choo

uşaq otaqı

chumba ya mtoto

zəngli saat
saa ya kengele
yumşaq oyuncaq
kidoli cha kupakata
oyuncaq avtomobil
gari bandia
cingilti
kelele
kukla evciyi
chumba cha midoli
hədiyyə
sasa

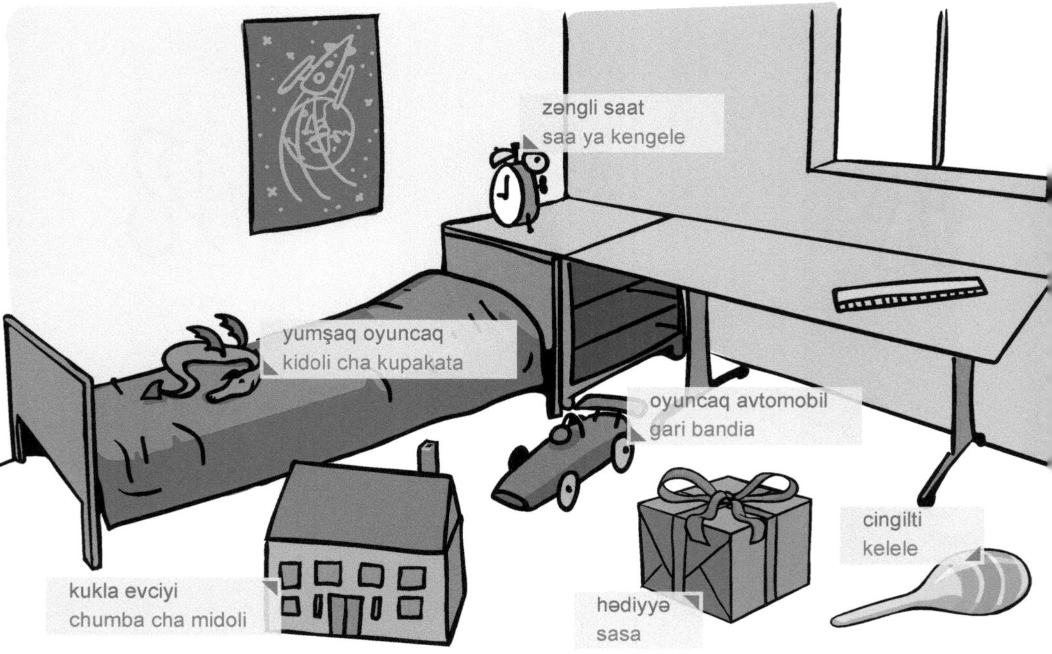

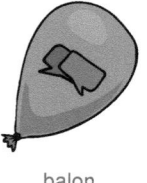

balon

baluni

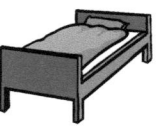

yataq

kitanda

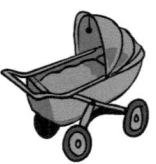

uşaq arabası

mashua

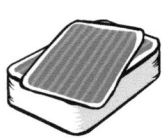

kart dəsti

staha ya kadi

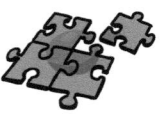

elektrik mişarı

mchezo-fumb

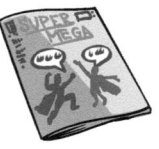

komik

vichekesho

leqo kərpici

matofali lego

konstruktor blokları

vitalu mwigo

oyuncaq-personaj

hatua takwimu

yeni doğulmuş körpələr
üçün geyimi

suti ya kulalia

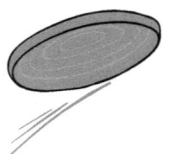

frisbi

kisahani

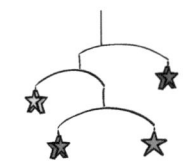

yataq üstünə asılan körpə
oyuncağı

simu

masaüstü oyun

ubao wa michezo

zər

kete

oyuncaq qatar

garimoshi mwigo

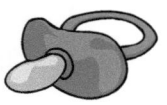

emzik

dummy

qonaqlıq

chama

rəsmli kitab

picha kitabu

top

mpira

kukla

kikaragosi

oynamaq

kucheza

qum qutusu

shimo la mchanga

yelləncək

bembea

oyuncaqlar

vitu bandia

video oyun konsolu

kiweko cha video ya mchezo

üç təkərli velosiped

baiskeli ya magurudumu matatu

plüşdən hazırlanmış oyuncaq ayı

mwanasesere

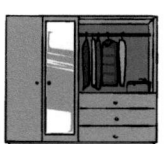

şkaf

kabati

corab

soksi

corab

stokingi

kalqotka

kibano

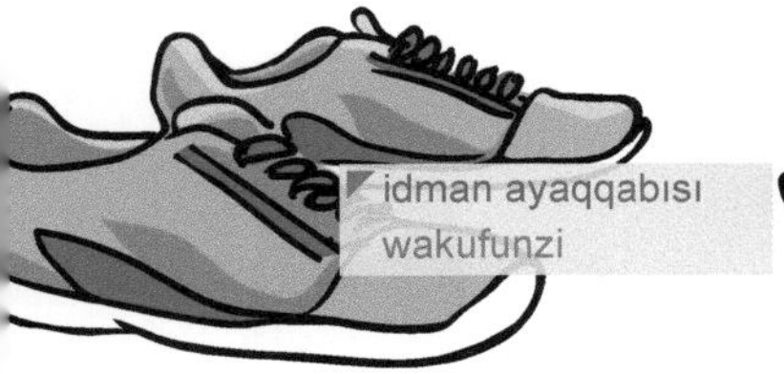

kaşne
skafu

çətir
mwavuli

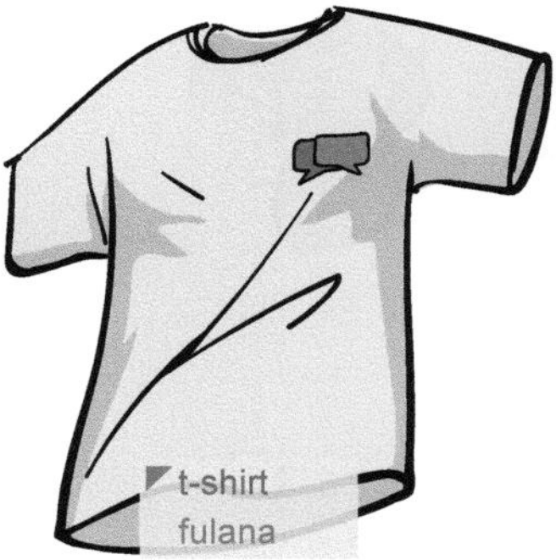

t-shirt
fulana

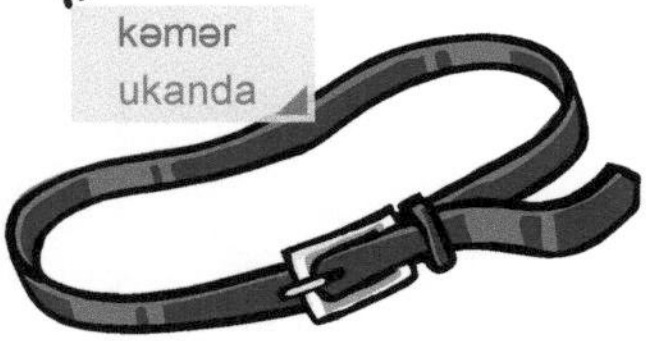

kəmər
ukanda

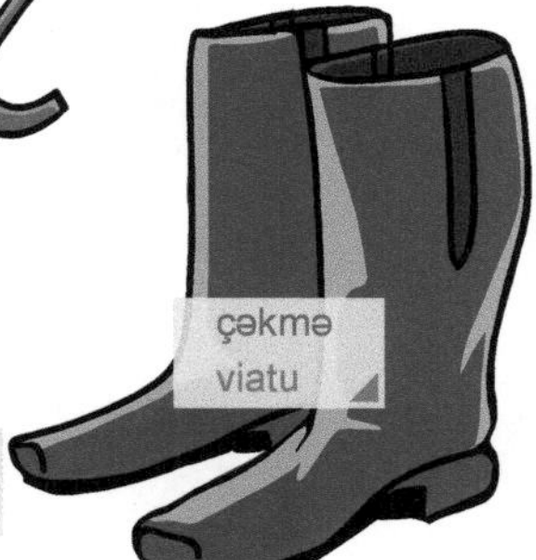

idman ayaqqabısı
wakufunzi

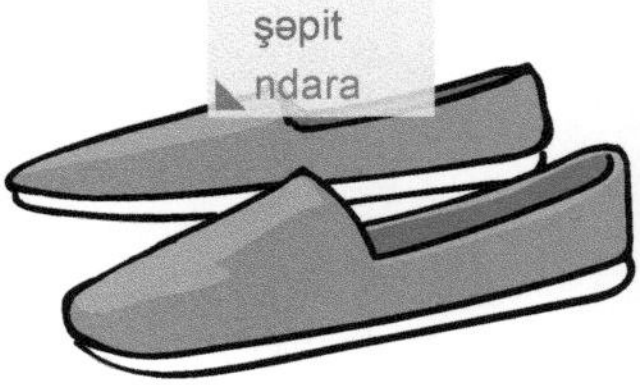

çəkmə
viatu

şəpit
ndara

sandallar
malapa

ayaqqabı
viatu

rezin çəkmələr
mabuti ya mpira

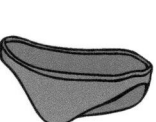

dizlik
suruali ya ndani

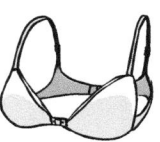

lifçik
sidiria

alt köynəyi
fulana

geyim - nguo

alt paltarı

mwili

şalvar

suruali

cins

dangirizi

yubka

sketi

bluza

blauzi

köynək

shati

sviter

vuta

başlıqlı idman gödəkçəsi

sweta

gödəkçə

bleza

gödəkcə

jaketi

pencək

koti

plaş

koti la mvua

kostyum

maleba

paltar

gauni

gəlin paltarı

mavazi ya harusi

kostyum

suti

gecə köynəyi

vazi la usiku

pijama

pajama

sari

sari

hicab / eşarp

skafu

çalma

kilemba

burka

burka

kaftan

kaftan

abaya

abaya

çimərlik geyimi

vazi la kuogelea

tumuş

vazi la kiume la kuogelea

şort

kaptura

məşq kostyumu

teitei

önlük

aproni

əlcək

glavu

düymə

kifungo

eynək

glasi

bilərzik

bangili

boyunbağı

mkufu

üzük

pete

sırğa

herini

papaq

kofia

asılqan

kiango cha koti

papaq

kofia

qalstuk

tai

zəncirbənd

zipu

dəbilqə

kofia

aşırma

kanda za suruali

məktəb uniforması

sare za shule

uniforma

sare

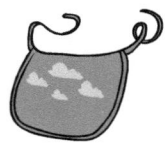

döşlük

bibu

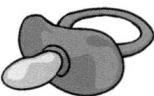

emzik

dummy

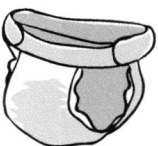

körpə bezi

nepi

ofis

ofisi

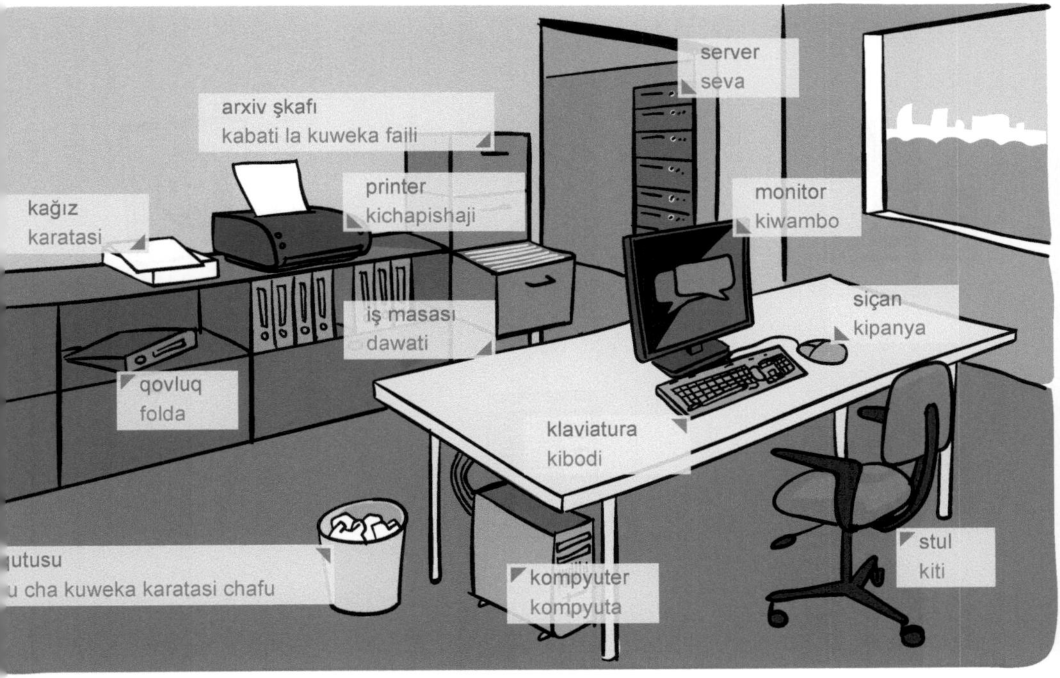
server
seva
arxiv şkafı
kabati la kuweka faili
printer
kichapishaji
kağız
karatasi
monitor
kiwambo
iş masası
dawati
siçan
kipanya
qovluq
folda
klaviatura
kibodi
utusu
u cha kuweka karatasi chafu
stul
kiti
kompyuter
kompyuta

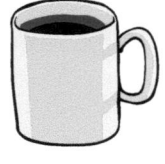

qəhvə fincanı

kmobe la kahawa

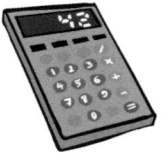

kalkulyator

kikokotoo

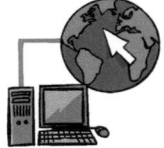

internet

biashara

laptop
mbali

məktub
barua

mesaj
ujumbe

mobil telefon
rununu

şəbəkə
intaneti

surətçıxaran maşın
fotokopia

proqram təminatı
programu

telefon
simu

ştepsel
soketi

faks
kipepesi

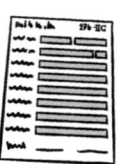

forma
fomu

sənəd
hati

satın almaq
kununua

ödəmək
kulipa

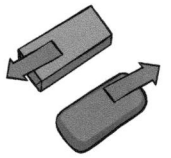

alverlə məşğul olmaq
biashara

pul
fedha

dollar
dola

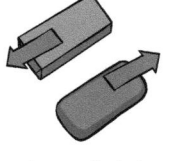

avro
yuro

yen
yeni

rubl
rouble

frank
faranga ya Uswisi

renminbi yuan
renminbi yuan

rupi
rupia

bankomat
eneo la kulipia

valyuta mübadiləsi
mənteqəsi
ofisi ya ubadilishanaji

qızıl
dhahabu

gümüş
fedha

neft
mafuta

enerji
nishati

qiymət
bei

müqavilə
mkataba

vergi
kodi

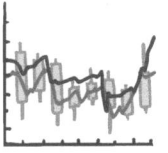

səhm
bidhaa

işləmək
kazi

işçi
mfanyakazi

işəgötürən
mwajiri

fabrik
kiwanda

dükan
duka

polis əməkdaşı
afisa wa polisi

yanğınsöndürən
mzimamoto

aşbaz
mpishi

həkim
daktari

pilot
rubani

bağban

mtunza bustani

dülgər

seremala

dərzi

mshonaji

hakim

hakimu

kimyaçı

mwanakemia

aktyor

muigizaji

avtobus sürücüsü

dereva wa basi

taksi sürücüsü

dereva wa teksi

balıqçı

mvuvi

xadimə

mwanamke wa kusafisha

dam işçisi

mwezekaji

ofisiant

mhudumu

ovçu

mwindaji

rəssam

mchoraji

çörəkçi

mwokaji

elektrik ustası

umeme

inşaat işçisi

mjenzi

mühəndis

mhandisi

qəssab

mchinjaji

santexnik

fundi bomba

poçtalyon

mwanaposta

əsgər

mwanajeshi

memar

msanifu majengo

kassir

keshia

gül-çiçək satıcısı

muuza maua

bərbər

msusi

konduktor

kondakta

mexanik

mekanika

kapitan

nahodha

diş həkimi

daktari wa meno

alim

mwanasayansi

ravvin

rabbi

imam

imamu

rahib

mtawa

keşiş

kasisi

alətlər

zana

kəlbətin
koleo
çəkic
nyundo
vintaçan
bisibisi
fənər
kurunzi
qayka açarı
spana

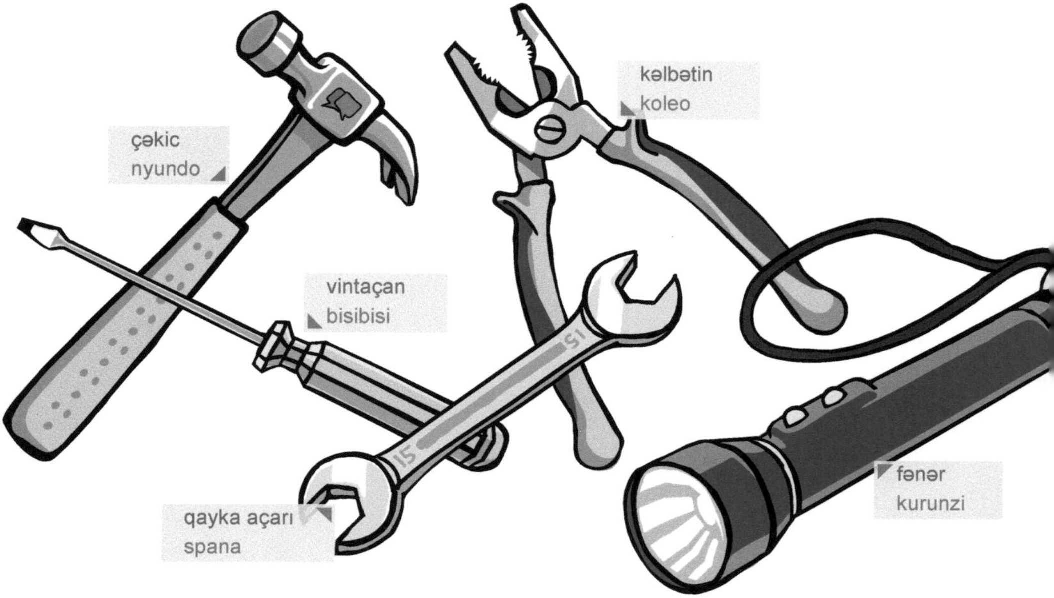

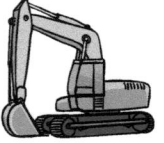

ekskavator

mchimbaji

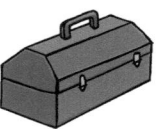

alətlər qutusu

sanduku la vifaa

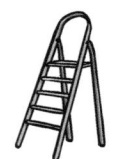

nərdivan

ngazi

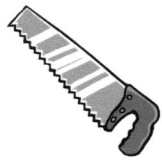

mişar

msumeno

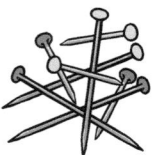

dırnaqlar

misumari

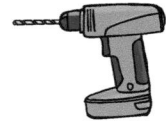

drel

kuchimba visima

təmir etmək

kukarabati

kürək

sepetu

Lənət olsun!

Lo!

xəkəndaz

kishikio cha uchafu

boya vedrəsi

chungu cha rangi

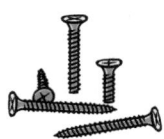

vintlər

skurubu

musiqi alətləri
ala za muziki

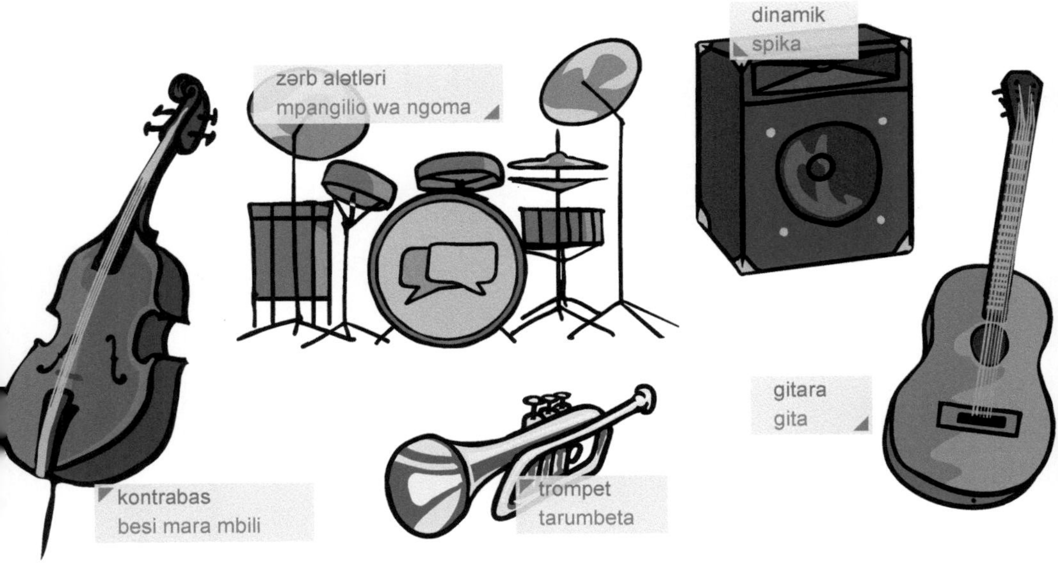

zərb alətləri
mpangilio wa ngoma

dinamik
spika

kontrabas
besi mara mbili

trompet
tarumbeta

gitara
gita

fortepiano

piano

skripka

fidla

bas

ubeji

timpani

timpani

nağara

ngoma

sintezator

kibodi

saksafon

saksafoni

fleyta

filimbi

mikrofon

maikrofoni

musiqi alətləri - ala za muziki

zoo

giriş
lango la kuingia

pələng
simbamarara

qəfəs
ngome

zebr
pundamilia

heyvan yeməyi
chakula cha mifugo

panda
panda

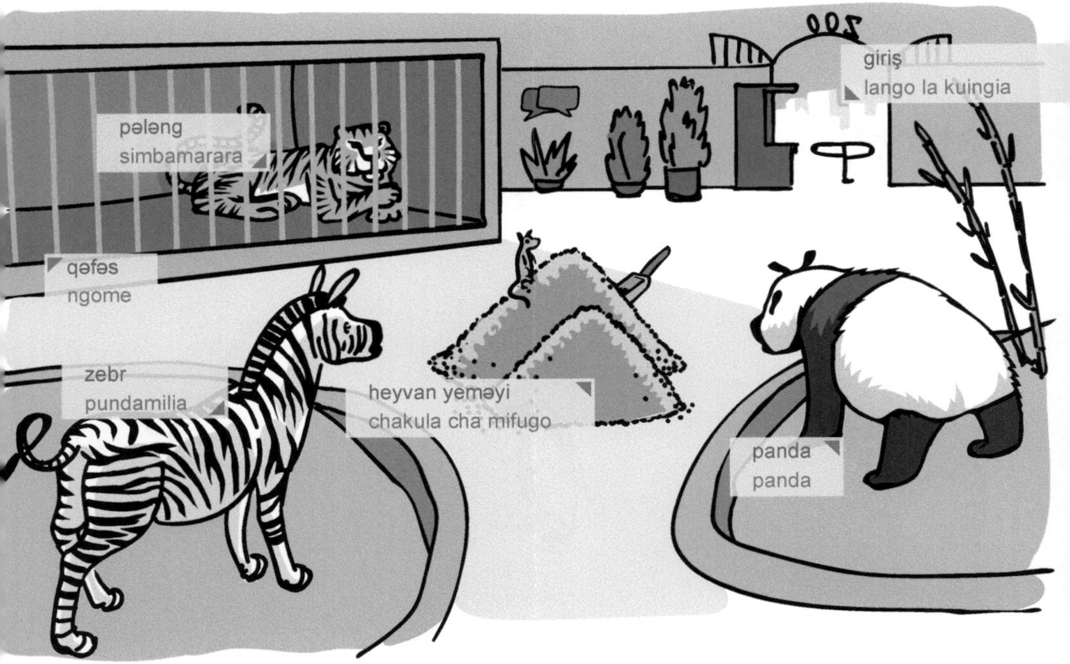

heyvanlar

wanyama

fil

tembo

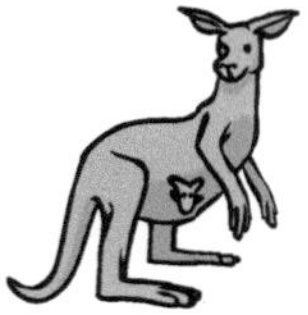

kenquru

kangaruu

kərgədan

kifaru

qorilla

sokwe

ayı

dubu

dəvə

ngamia

dəvəquşu

mbuni

aslan

simba

meymun

tumbili

flamingo

heroe

tutuquşu

kasuku

qütb ayısı

dubu

pinqvin

penguini

köpəkbalığı

papa

tovuz

tausi

ilan

nyoka

timsah

mamba

zoopark işçisi

mtunza wanyama

suiti

muhuri

yaquar

jaguar

poni

mwanafarasi

bəbir

chui

hippopotam

kiboko

zürafə

twiga

qartal

tai

qaban

nguruwe mwitu

balıq

samaki

tısbağa

kobe

morj

sili

tülkü

mbweha

ceyran

paa

amerikan futbolu
soka ya marekani

velosiped sürmək
uendeshaji baiskeli

tennis
tenisi

basketbol
mpira wa kikapu

üzgüçülük
kuogelea

buz xokkeyi
magongo ya barafuni

boks
ndondi

futbol
soka

badminton
vinyoya

yüngül atletika
riadha

həndbol
mpira wa mikono

xizək
skii

polo
polo

fəaliyyət
shughuli

tullanmaq
kuruka
qucaqlaşmaq
kumbatia
gülmək
cheka
getmək
kutembea
oxumaq
kuimba
yuxu qörmək
ota ndoto
dua etmək
kuomba
öpüşmək
busu

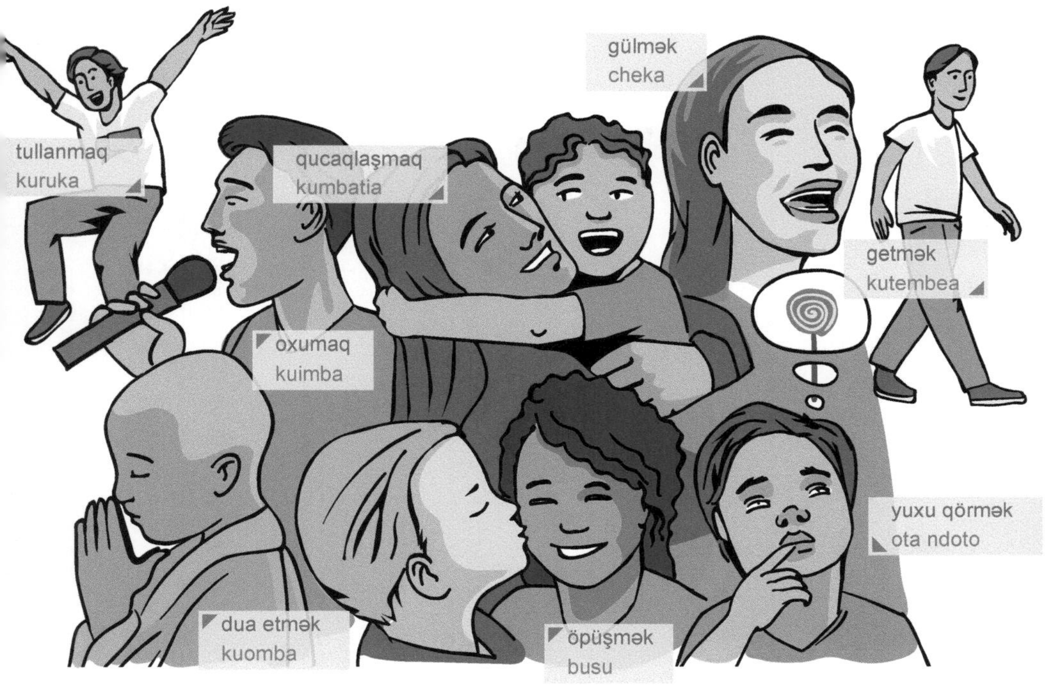

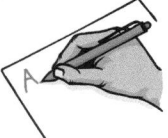

yazmaq

kuandika

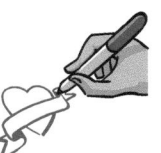

çəkmək

kuteka

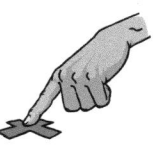

göstərmək

angalia

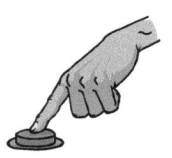

itələmək

sukuma

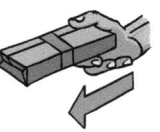

vermək

kutoa

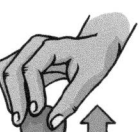

götürmək

kuchukua

sahibi olmaq

kuwa

etmək

fanya

olmaq

kuwa

durmaq

kusimama

qaçmaq

kukimbia

çəkmək

vuta

atmaq

kutupa

düşmək

kuanguka

uzanmaq

hadaa

gözləmək

kusubiri

daşımaq

kubeba

oturmaq

kukaa

geyinmək

vaa nguo

yatmaq

usingizi

ayılmaq

kuamka

baxmaq

kuangalia

ağlamaq

lia

sığallamaq

kiharusi

daramaq

chana nywele

danışmaq

ongea

anlamaq

kuelewa

soruşmaq

kuuliza

dinləmək

kusikiliza

içmək

kunywa

yemək

kula

təmizləmək

nadhifisha

sevmək

upendo

bişirmək

mpishi

sürmək

gari

uçmaq

kuruka

üzmək
meli

hesablamaq
kokotoa

oxumaq
kusoma

öyrənmək
kujifunza

işləmək
kazi

evlənmək
kuoa

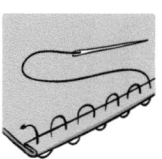

tikmək
kushona

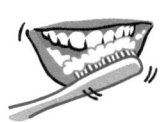

dişləri təmizləmək
piga mswaki

öldürmək
kuua

siqaret çəkmək
moshi

göndərmək
kutuma

nənə
bibi

baba
babu

ata
baba

ana
mama

körpə
mtoto

qız
binti

oğul
bin

qonaq

mgeni

xala/bibi

shangazi

əmi/dayı

mjomba

qardaş

kaka

bacı

dada

bədən
mwili

alın
paji la uso
göz
jicho
çiyin
bega
barmaq
kidole
üz
uso
buxaq
kidevu
əl
mkono
ayaq
mguu
döş
matiti
qol
mkono

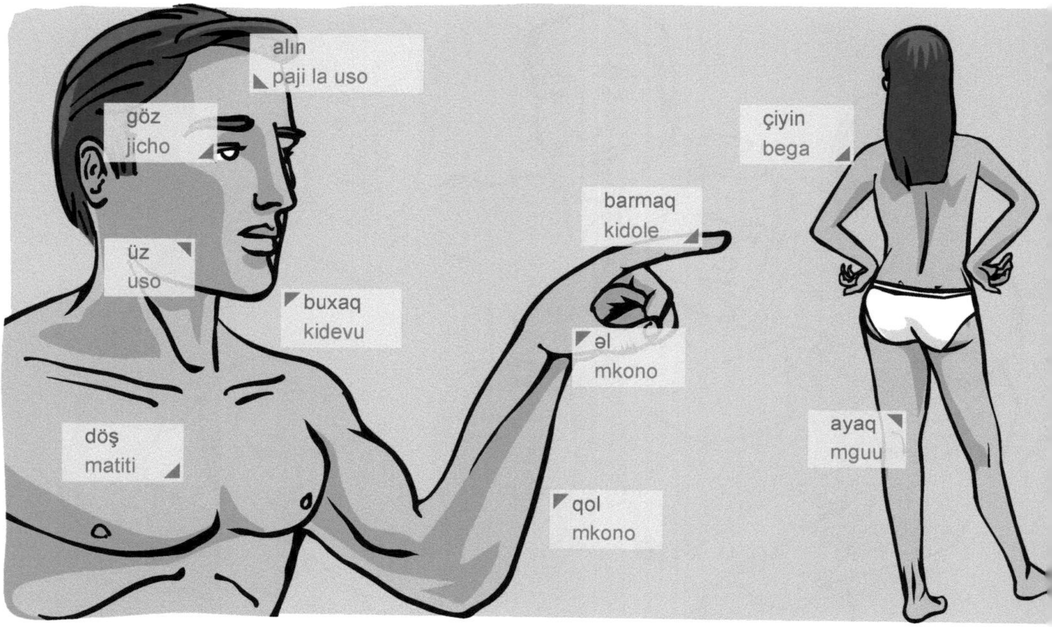

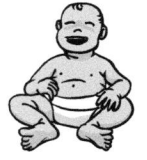

körpə
mtoto

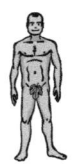

kişi
mwanamume

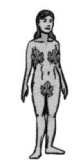

qadın
mwanamke

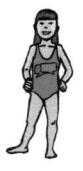

qız
msichana

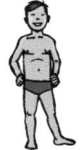

oğlan
mvulana

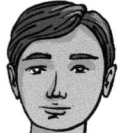

baş
kichwa

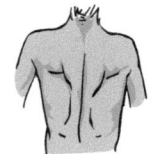

bel

nyuma

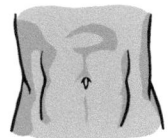

qarın

tumbo

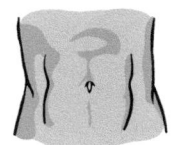

göbək

kitovu

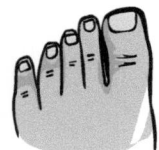

ayaq barmağı

chano

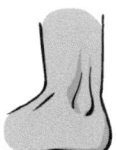

daban

kisigino

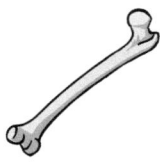

sümük

mfupa

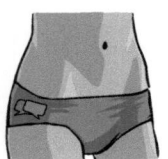

bud

nyonga

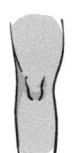

diz

goti

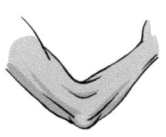

dirsək

kiwiko

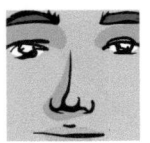

burun

pua

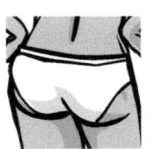

sağrı

chini

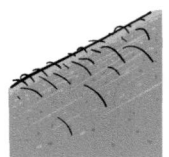

dəri

ngozi

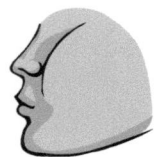

yanaq

shavu

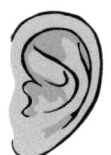

qulaq

sikio

dodaq

mdomo

ağız

kinywa

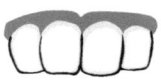

diş

jino

dil

ulimi

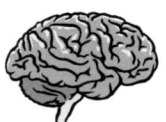

beyin

ubongo

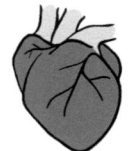

ürək

moyo

əzələ

misuli

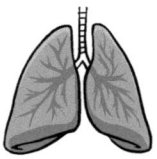

ağciyər

pafu

qaraciyər

ini

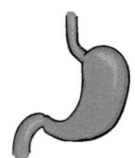

mədə

tumbo

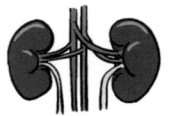

böyrəklər

figo

cinsi yaxınlıq

jinsia

kondom

kondomu

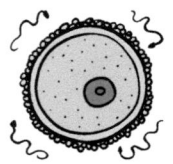

qadın cinsi hüceyrə

ovari

sperma

shahawa

hamiləlik

mimba

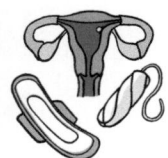

aybaşı

hedhi

vagina

uke

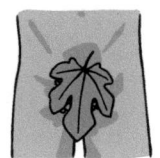

penis

uume

qaş

unyusi

saç

nywele

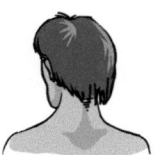

boyun

shingo

xəstəxana
hospitali

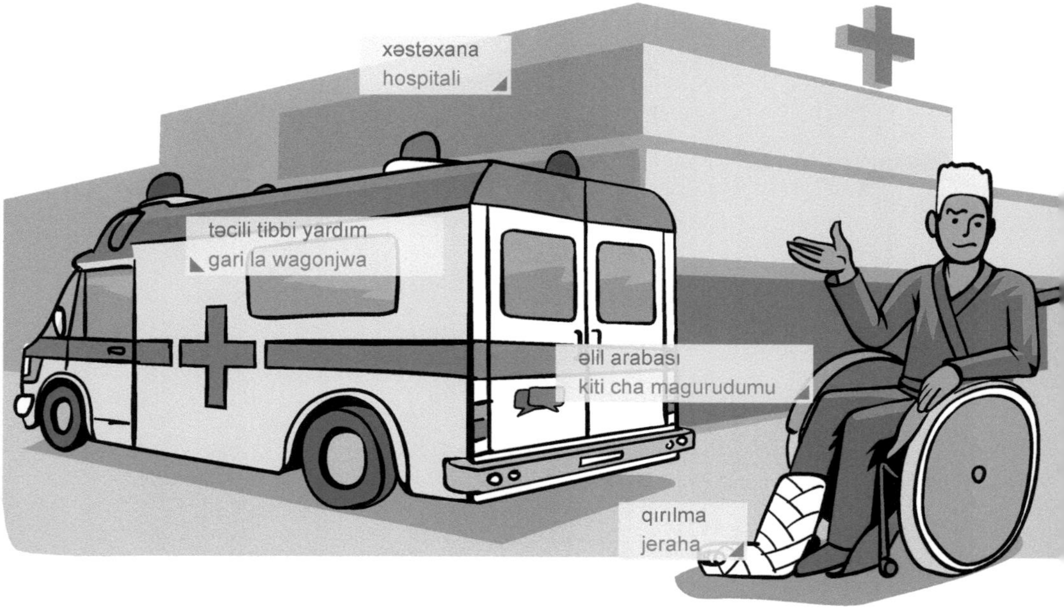

xəstəxana
hospitali
təcili tibbi yardım
gari la wagonjwa
əlil arabası
kiti cha magurudumu
qırılma
jeraha

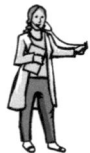

həkim

daktari

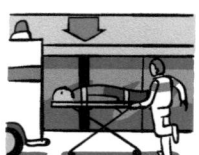

reanimasiya şöbəsi

chumba cha dharura

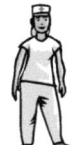

tibb bacısı

muuguzi

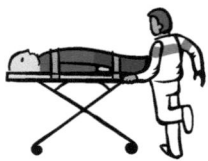

fövqəladə hallar

dharura

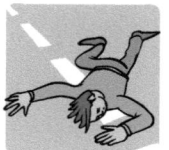

huşunu itirmiş

kupoteza fahamu

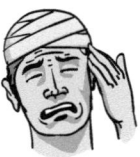

ağrı

maumivu

zədə
kuumia

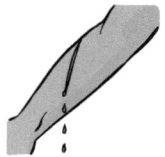

qanaxma
kutokwa na damu

infarkt
mshtuko wa moyo

insult
kiharusi

allergiya
mzio

öskürək
kikohozi

qızdırma
homa

qrip
mafua

ishal
kuharisha

başağrısı
maumivu ya kichwa

xərçəng
kansa

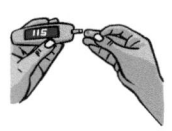

şəkərli diabet
ugonjwa wa kisukari

cərrah
daktari mpasuaji

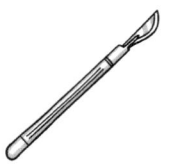

neştər
kisu kidogo cha kupasulia

əməliyyat
operesheni

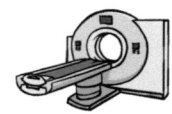

CT

picha changanufu ya mwili

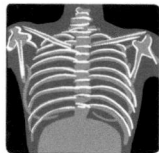

rentgen

Eksrei

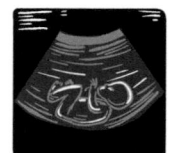

ultrasəs

mawimbi sauti

maska

barakoa ya uso

xəstəlik

ugonjwa

gözləmə otağı

chumba cha kusubiri

qoltuqağacı

mkongojo

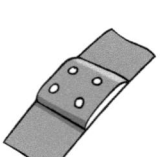

plaster

plasta

sarğı

bendeji

inyeksiya

sindano

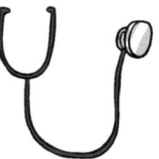

steteskop

stetoskopu

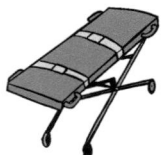

xərək

machela

hərarətölçən

kipimajoto cha kliniki

doğum

kuzaliwa

çəki artıqlığı

unene kupita kiasi

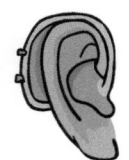

eşitmə aparatı

kusikia misaada

dezinfeksiyaedici

kipukusi

infeksiya

maambukizi

virus

virusi

QİÇS

VVU / UKIMWI

tibb

dawa

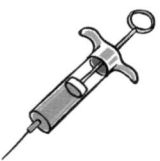

peyvənd

chanjo

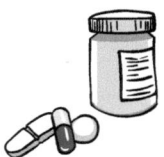

həblər

vidonge

həb

kidonge

təcili zəng

simu ya dharura

qan təzyiqini ölçmək üçün cihaz

haemodainamometa

xəstə / sağlam

mgonjwa / mwenye afya

Kömək edin!
Msaada!

həyəcan siqnalı
kengele

basqın
pigo

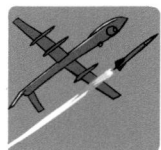

hücum
shambulizi

təhlükə
hatari

ehtiyat çıxışı
lango la dharura

Yanğın!
Moto!

odsöndürən
kizima moto

qəza
ajali

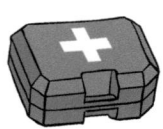

ilkin yardım qutus
vifaa vya huduma ya kwanza

SOS
wito wa msaada

polis
polisi

Avropa

Ulaya

Şimali Amerika

Amerika ya Kaskazini

Cənubi Amerika

Amerika ya Kusini

Afrika

Afrika

Asiya

Asia

Avstraliya

Australia

Atlantik

Atlantiki

Sakit Okean

Pasifiki

Hind okeanı

Bahari ya Hindi

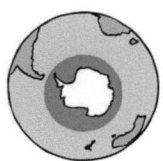

Antarktika Okeanı

Bahari ya Antaktiki

Şimal Buzlu okeanı

Bahari ya Aktiki

Şimal qütbü

Ncha ya Kaskazini

Cənub qütbü

Ncha ya Kusini

Antarktika

Antaktika

Yer kürəsi

dunia

ölkə

nchi

dəniz

bahari

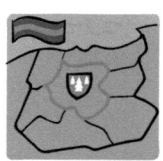

ada

kisiwa

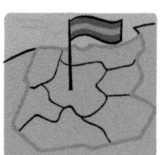

millət

taifa

dövlət

jimbo

siferblat

uso wa saa

saat əqrəbi

akrabu ya saa

dəqiqə əqrəbi

akrabu ya dakika

saniyə əqrəbi

akrabu ya sekunde

Saat neçədir?

Ni saa ngapi?

gün

siku

vaxt

wakati

indi

sasa

rəqəmsal saat

saa ya dijitali

dəqiqə

dakika

saat

saa

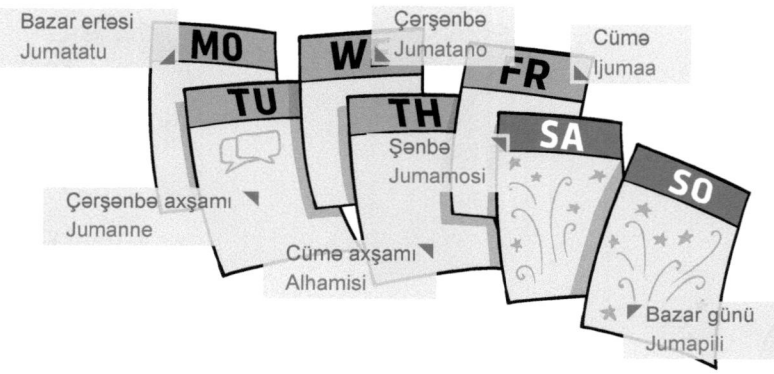

Bazar ertəsi
Jumatatu
MO

Çərşənbə
Jumatano
W

Cümə
Ijumaa

TU

TH
Şənbə
Jumamosi

FR

SA

SO

Çərşənbə axşamı
Jumanne

Cümə axşamı
Alhamisi

Bazar günü
Jumapili

dünən
jana

bugün
leo

sabah
kesho

səhər
asubuhi

günorta
saa sita mchana

axşam
jioni

iş günü
siku za biashara

həftə sonu
mwishoni mwa wiki

il

mwaka

yağış
mvua
göy qurşağı
upinde wa mvua
qar
theluji
külək
upepo
yaz
majira ya machipuko
payız
vuli
yay
kiangazi
qış
majira ya baridi

4.APRIL 11°
5.APRIL 4°
6.APRIL 13°
7.APRIL 8°
8.APRIL 10°

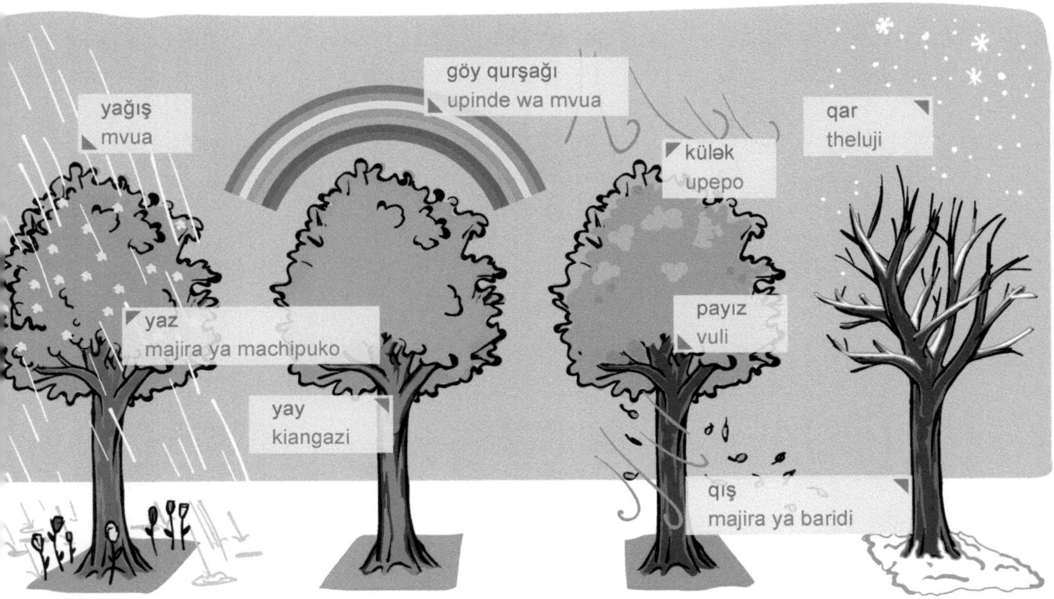

hava proqnozu

utabiri wa hali ya hewa

F C
120 40
90 30
60 20
30 10
0 0
-30 -10
-20

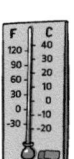

termometr

kipimajoto

günəş işığı

mwanga wa jua

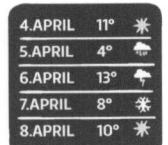

bulud

wingu

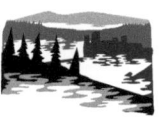

duman

ukungu

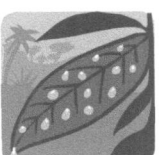

rütubət

unyevu

ildırım

umeme

göy gurultusu

radi

fırtına

dhoruba

dolu

mvua ya mawe

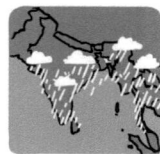

musson

monsuni

daşqın

mafuriko

buz

barafu

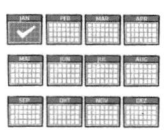

yanvar

Januari

fevral

Februari

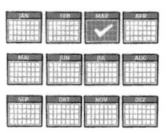

mart

Machi

aprel

Aprili

may

Mei

iyun

Juni

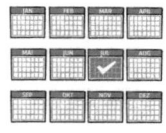

iyul

Julai

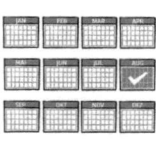

avqust

Agosti

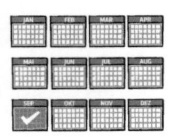

sentyabr

Septemba

oktyabr

Oktoba

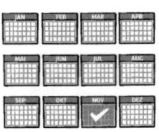

noyabr

Novemba

dekabr

Desemba

formalar

maumbo

dairə

mduara

kvadrat

mraba

düzbucaqlı

mstatili

üçbucaq

pembetatu

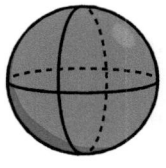

kürə

nyanja

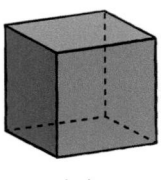

kub

mchemraba

ağ

nyeupe

sarı

manjano

narıncı

chungwa

çəhrayı

rangi ya waridi

qırmızı

nyekundu

bənövşəyi

hudhurungi

mavi

bluu

yaşıl

kijani

palıdı

hanja

boz

jivujivu

qara

nyeusi

çox / az

mengi / kidogo

qeyzli / sakit

hasira / pole

yaraşıqlı / eybəcər

nzuri / mbaya

başlanğıc / son

mwanzo / mwisho

böyük / kiçik

kubwa / ndogo

işıqlı / qaranlıq

angavu / giza

qardaş / bacı

kaka / dada

təmiz / kirli

safi / chafu

tam / natamam

kamilika / tokamilika

gündüz / gecə

siku / usiku

ölü / diri

wafu / hai

geniş / dar

pana / nyembamba

yemeli / yeyilməyən

kulika / kutolika

hirsli / mehriban

ovu / ema

həyəcanlı / bezmiş

sisimkwa / udhika

kök / arıq

nene / nyembamba

ilk / son

kwanza / mwisho

dost / düşmən

rafiki / adui

dolu / boş

jaa / tupu

sərt / yumşaq

ngumu / laini

ağır / yüngül

nzito / nyepesi

aclıq / susuzluq

njaa / kiu

xəstə / sağlam

mgonjwa / mwenye afya

qanunsuz / qanuni

haramu / kisheria

ağıllı / axmaq

akili / kijinga

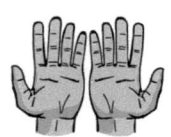

sol / sağ

kushoto / kulia

yaxın / uzaq

karibu / mbali

yeni / istifadə edilmiş

mpya / kutumika

heç bir şey / bir şey

kitu / jambo

qoca / gənc

zee / changa

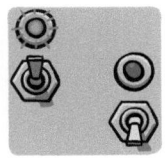

açma / bağlama

waka / zima

açıq / bağlı

wazi / fungwa

sakit/ bərk

utulivu / kelele

varlı / kasıb

tajiri / masikini

düzgün / səhv

sahihi / kosa

kobud / hamar

mbaya / laini

kədərli / xoşbəxt

huzunika / furahia

qısa / uzun

fupi /ndefu

yavaş / sürətli

polepole / haraka

yaş / quru

nyevu / kavu

isti / sərin

joto / baridi

müharibə / sülh

vita / amani

əksinə - kinyume

0	**1**	**2**
sıfır	bir	iki
sufuri	moja	mbili

3	**4**	**5**
üç	dörd	beş
tatu	nne	tano

6	**7**	**8**
altı	yeddi	səkkiz
sita	saba	nane

9	**10**	**11**
doqquz	on	on bir
tisa	kumi	kumi na moja

12

on iki

kumi na mbili

13

on üç

kumi na tatu

14

on dörd

kumi na nne

15

on beş

kumi na tano

16

on altı

kumi na sita

17

on yeddi

kumi na saba

18

on səkkiz

kumi na nane

19

on doqquz

kumi na tisa

20

iyirmi

ishirini

100

yüz

mia

1.000

min

elfu

1.000.000

milyon

milioni

İngilis dili
....
Kiingereza

İngilis dilinin amerikan variantı
....
Kiingereza cha Marekani

Çin dilinin Mandarin dialekti
....
Kimandarini cha Uchina

Hind dili
....
Kihindi

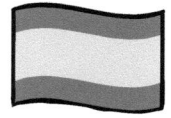

İspan dili
....
Kihispania

Fransız dili
....
Kifaransa

Ərəb dili
....
Kiarabu

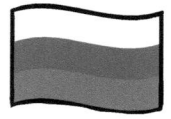

Rus dili
....
Kirusi

Portuqal dili
....
Kireno

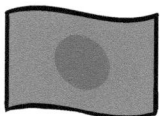

Benqal dili
....
Kibengali

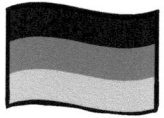

Alman dili
....
Kijerumani

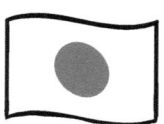

Yapon dili
....
Kijapani

mən
mimi

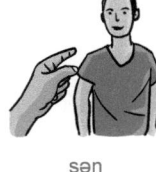

sən
wewe

o / o / o
yeye / yeye / ni

biz
sisi

siz
wewe

onlar
wao

kim?
nani?

nə?
nini?

necə?
jinsi gani?

harada?
wapi?

nə zaman?
lini?

HELLO, I AM

ad
jina

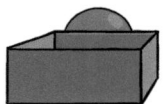

arxadan
....
nyuma

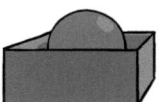

içində
....
katika

qarşısında
....
mbele ya

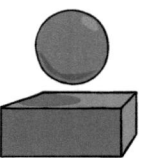

üzərində
....
juu ya

dair
....
kwenye

altında
....
chini ya

yanaşı
....
kando

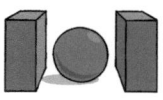

arasında
....
kati

yer
....
mahali